馬克思分配理論新探

楊錦英、肖磊 著

財經錢線

序　言

　　馬克思主義經濟學作為一種科學的經濟學體系，對於當今的資本主義和整個世界經濟體系都有著極強的解釋力。改革開放以來中國的社會主義市場經濟理論從社會主義和市場經濟相結合的角度印證了馬克思主義經濟學的科學性，其方法論內核和基本結論在140年後的今天看來仍然是正確的。研究馬克思主義經濟學，結合中國實際發展馬克思主義經濟學，運用馬克思主義經濟學基本原理創造性地服務於社會主義經濟實踐，是當代馬克思主義經濟學學者肩負的歷史使命。

　　現代經濟學最突出的特點就是數學方法和計量方法的結合應用，其核心思想和基本理論實際上在古典經濟學時期已經形成。當代馬克思主義經濟學的發展應當充分借鑑現代經濟學所使用的理論工具和方法，推進馬克思主義經濟學的現代化。這是當代中國馬克思主義經濟學轉型發展的要求，也是馬克思主義經濟學應有的素質。

　　本書集中探討馬克思本人的分配理論，從思想史的角度揭示馬克思分配理論的來龍去脈，包括它與古典經濟學的聯繫、它的方法論思想、按勞分配思想的形成和發展，這是解釋性工作，是現代條件和現代語境下對馬克思分配理論的一個解讀。在此基礎上，我們進一步探討了馬克思分配理論如何發展的問

題，包括根據創新和超額利潤來發展馬克思的淨剩餘分配理論和平均利潤率理論，將國家的再分配措施納入馬克思分配理論的框架體系中，擴展馬克思分配理論的邊界；研究非正規權力配置、人力資本和金融掠奪對收入分配的影響，這三個方面也是影響財富和收入分配的主要因素，應當在馬克思的理論體系中得到說明和闡釋；根據馬克思關於生產、分配和消費之間的辯證關係的原理，我們探討了分配與最終需求也就是消費需求之間的關係。傳統理論研究的有效需求是指有支付能力的需求（亞當·斯密），凱恩斯將其分解為投資需求和消費需求來構建宏觀經濟理論，我們則認為投資需求是中間需求，投資的生產資料最終是為生產消費品服務的，因此，消費需求才是最終需求，而收入分配是制約最終需求的主要變量。

2014年以來，法國經濟學家皮凱蒂的《21世紀資本論》成為全球熱議的焦點，我們運用馬克思的分配理論對其進行了評析，指出了其理論基礎的缺陷和統計材料的實證價值。在最後部分，我們根據馬克思分配理論的結論，分析了中國財富和收入分配的格局、影響因素及其對經濟發展的制約，並提出了調節財富和收入分配的政策建議。

對於可以數學化的內容，我們採用模型化的表述方式；對於純思想性的和哲學性的內容，我們採用文字表述方式。馬克思是哲學家、歷史學家和經濟學家，因此我們主張研究過程應當結合哲學、歷史和經濟理論。在本書中，我們沒有進行關於財富和收入分配歷史的討論特別是關於分配制度變遷歷史的分析。關於財富和收入分配總的歷史情況，皮凱蒂在《21世紀資本論》中進行了初步的探討，但總體上是不完善的。

在一本著作中要區分科學成分和意識形態成分是很困難的。我們堅持熊彼特的觀點，從純經濟學的角度來提煉馬克思的分配思想，並用數學模型的方法來進行邏輯推導。書中對於現代

經濟學的評價帶有我們自己的理論立場，但這並不影響分配理論的科學性。原本不打算對中國的分配問題提出政策建議，因為這樣容易造成我們的科學性探討是為政策服務的感覺，但是出於對研究的現實價值的考慮，我們原則性地提了幾點建設性的意見，希望不會引起讀者的誤解。

  書中提出的幾個發展馬克思分配理論的方面都是探索性的和嘗試性的，我們試圖在馬克思分配理論的邏輯框架中進行邊際改進，推動馬克思基本理論的發展和創新。書中構建的理論模型並不完善，需要在以後的研究中做進一步的探討，本書只是提供了一些方向和一些思路，歡迎各方面的專家批評指正。

作者

目　　錄

第一章　導論／1

第二章　分配問題在政治經濟學中的地位與方法／8

　一、概念的說明／8

　二、從「三分法」到「四分法」／12

　三、生產、分配、交換和消費之間的辯證關係／14

　四、分配問題在政治經濟學中的地位／17

　五、研究方法與敘述方法／22

　六、理論前提和哲學基礎／32

　七、馬克思主義經濟學的方法論精髓和特徵／47

第三章　分配理論的演變史略／55

　一、亞當・斯密的分配理論／56

　二、大衛・李嘉圖的分配理論／64

　三、薩伊的分配理論／70

四、新古典分配理論／ 76

　　五、一個總體性評述／ 79

第四章　馬克思的資本主義分配理論／ 87

　　一、理論結構的三個層次／ 88

　　二、分配的一般趨勢／ 94

　　三、分配與經濟週期／ 98

第五章　馬克思按勞分配學說的形成和發展／ 101

　　一、馬克思按勞分配學說的思想來源和形成／ 102

　　二、按勞分配學說在蘇聯、東歐國家的發展和演變／ 119

第六章　超額利潤與社會淨剩餘分配／ 128

　　一、超額利潤是經濟發展的普遍現象／ 129

　　二、超額利潤與社會淨剩餘／ 131

　　三、超額利潤的產權歸屬：理論和實際的變化／ 137

　　四、超額利潤對利潤率的影響／ 140

　　五、結論與政策建議／ 143

第七章　剩餘價值與國民收入再分配／ 147

　　一、資本主義矛盾與政府的經濟功能／ 147

二、兩部門模型 / 150

三、生產性支出與國民收入分配 / 156

四、剩餘價值的總的分割：一個總結 / 158

第八章　影響收入分配的其他因素 / 160

一、非正規或非法的權力配置 / 160

二、人力資本的差異 / 162

三、金融市場的財富轉移機制 / 165

四、結語 / 167

第九章　收入分配與最終需求 / 168

一、基本模型 / 169

二、基本模型的擴展和比較 / 174

第十章　用馬克思思想解析皮凱蒂 / 180

一、核心思想 / 180

二、貢獻和不足 / 184

三、馬克思的解釋 / 191

第十一章　中國的分配格局與宏觀經濟 / 197

一、改革開放以來中國分配格局的變化 / 197

二、影響中國分配格局的主要因素 / 202

三、分配對中國宏觀經濟的制約和影響 / 207

四、調節財產和收入分配，實現共同富裕 / 209

第一章　導論

分配問題是政治經濟學的重要問題，如何促進國民財富增長以及國民財富如何在社會各階級之間分配，歷來都是政治經濟學的研究主題。在古典經濟學中，斯密探討了國民財富怎樣自然而然地在國民之間進行分配，李嘉圖將分配置於政治經濟學的核心地位。馬克思是古典經濟學的批判者和繼承者，同樣也將分配問題置於重要地位，在《經濟分析史》中，熊彼特認為馬克思是李嘉圖學派的成員。① 這一說法的依據在於：李嘉圖雖然提出了分配理論的主要思想，卻沒有解決價值規律與資本主義條件下分配問題的矛盾，而馬克思豐富和發展了古典經濟學特別是李嘉圖的分配理論，解決了李嘉圖學派面臨的兩大問題②，提出了勞動力的價值概念以及利潤率平均化和生產價格理論。在馬克思的理論體系中，剩餘價值理論是分配理論的核心，也是恩格斯總結的馬克思的兩大理論發現之一。《資本論》第一卷的重要的理論支撐點就是將國民收入分為工資部分和剩餘價值部分，而第三卷則研究了剩餘價值在各種資本家之間的分配

---

① 在《經濟分析史》中，熊彼特認為李嘉圖學派主要包括大衛·李嘉圖、詹姆斯·穆勒、麥克庫洛赫、馬克思、洛貝爾圖斯以及一些李嘉圖派社會主義者，如霍吉斯金（Hodgskin）、湯普森（Thompson）、格雷（Gray）與勃雷（Bray）等。

② 李嘉圖學派面臨的兩大問題是價值規律與資本和勞動之間交換的矛盾以及價值規律與等量資本獲取等量利潤的矛盾。

以及土地所有者獲取地租的問題，形成了完整而科學的資本主義分配理論。

馬克思不僅科學地研究了資本主義的分配規律，而且對社會主義社會的分配問題進行了原則性的設想，提出了科學社會主義理論，論證了資本主義社會形態的過渡性，並提出了後資本主義社會的可能走向。對於馬克思、恩格斯所做出的科學社會主義結論，我們認為，「超越資本主義社會形態的分配方式是怎樣的」是一個科學預測問題。雖然資本主義由於其內在矛盾而必然具有歷史過渡性，但是，未來社會的生產資料所有制形式以及相應的分配方式卻不是一個必然性的建構，而是依據資本主義的這種歷史過渡性所做的科學猜想或科學預測。既然是科學預測，那麼這種預測就顯然具有假說的性質，而不是嚴格的教條或律令。現實的社會實踐並不能照搬經典作家所提出的理論性的看法，而只能是基於現實的要求和實踐性的過程。換句話說，社會的發展是進化理性主義的，而不是建構理性主義的，我們能夠探索一定的規律性的東西，但不能超越規律，更不能無視規律，而只能依據規律來「減輕分娩的痛苦」。馬克思在《資本論》第一版序言中，提供了兩個最具啟示意義的觀點。第一個觀點是：「一個社會即使探索到了本身運動的自然規律——本書的最終目的就是揭示現代社會的經濟運動規律——它還是既不能跳過也不能用法令取消自然的發展階段。但是它能縮短和減輕分娩的痛苦。」第二個觀點是：「社會經濟形態的發展是一種自然歷史過程。不管個人在主觀上怎樣超脫各種關係，他在社會意義上總是這些關係的產物。」[1] 這兩個觀點鮮明地表明了馬克思對於改造社會的立場，也與很多認為馬克思屬於建構理性主義者的批評不同，而且它對於指導社會實踐也具有重

---

[1] 馬克思恩格斯全集：第23卷 [M]. 北京：人民出版社，2008：11–12.

要的方法論意義。

寫作本書的主要目的是對馬克思的分配理論進行研究，以揭示理論的實質以及在現代條件下發展該理論的可能性，並從馬克思的理論視角分析中國改革開放以來的分配問題。我們認為，馬克思的分配理論特別是關於資本主義分配的理論，對於當代資本主義發展仍然具有極強的解釋力，但是由於歷史條件的具體變化，該理論存在一些改進的可能性。例如，如何利用馬克思的剩餘價值分配理論研究由於創新所帶來的超額利潤及社會淨剩餘分配問題，如何研究國家干預對於國民收入分配的影響，怎樣理解現代金融制度等其他因素對於國民收入分配的影響，如何解釋收入分配與有效需求的問題，如何研究在開放經濟條件下的收入分配問題，等等。本書對其中的幾個問題做了嘗試性研究，試圖給出一個發展了的馬克思主義分配理論的基本框架的初步設想。對於其他與收入分配相關的理論擴展問題，我們將在以後的研究中進行進一步的探索。

分配的本質是經濟利益關係的調整。按照唯物史觀的觀點，這種經濟利益關係的核心和基礎是生產關係。生產資料所有制與產品的分配是同一個問題的兩個方面。經濟問題追根溯源取決於關係結構，而人在生產和分配中處於什麼位置、承擔什麼角色是受一定的關係結構制約的。隨著關係結構的轉變，分配的形式和方式都會發生變化，比如原始社會的分配方式不同於封建社會的分配方式，也不同於資本主義社會的分配方式。我們研究分配必須立足於既定的社會經濟形態，立足於一定的關係結構，這是馬克思歷史唯物主義原理在分配理論研究中的具體化。由於資本主義分配不同於社會主義分配，我們將馬克思主義的分配理論劃分為資本主義分配和社會主義分配兩種形式。

中國的基本經濟制度和經濟體制決定了理論適用的範圍。中國採取的是一種社會主義基本制度與市場經濟體制相結合的

經濟發展模式，因此在收入分配領域既有傳統體制的問題，也有現代市場經濟的問題，還有經濟轉軌的問題，這決定了當前中國收入分配演變的主要趨勢。運用馬克思主義的分配理論對這些問題進行科學解答是制定經濟發展政策的重要的理論依據。科學地分析問題是提出政策的前提，在本書的第二章和第三章中我們交代了主要的研究方法和工具，介紹了分配理論的發展以及馬克思的分配理論在經濟學中的地位，為馬克思主義分配理論的研究以及中國現實分配問題的研究提供了方法論支撐。

本書採用了政治經濟學常用的敘述方法，先研究本質性的分配關係，然後逐步研究其他條件的變化對於分配的影響。本質性的分配關係也就是所有制關係以及工資、利潤和地租等基本變量之間的內在聯繫，而其他條件主要涉及創新與超額利潤及社會淨剩餘分配的關係，國家通過稅收、消費性支出和生產性支出對於國民收入分配的影響，以及非正規和非法的權力配置、人力資本差異、金融市場的財富轉移機制對於分配的影響。

根據馬克思的基本理論，我們認為資本主義條件下的眾多經濟變量都是內生的，從而採用一種總體性的視角來觀察資本主義分配秩序。例如，政府干預和借貸消費在馬克思主義理論體系中，都可以視為資本主義基本矛盾的產物，也就是說是資本主義自身產生的應付生產過剩壓力的結構。資本主義體系是一種負反饋的系統，眾多經濟變量綜合作用的結果是一種穩定的均衡狀態。這並不意味著我們否認經濟發展，否認經濟的結構性變化，而是認為資本主義在一種動態均衡過程中不斷地做上升運動。資本主義的階段性變化，如自由競爭資本主義、壟斷資本主義、國家壟斷資本主義以及國際金融資本主義等階段性劃分，只不過是辯證法規律在資本主義經濟中的具體體現，在這個過程中起根本作用的力量是生產力的發展。生產力在馬克思主義理論體系中具有首要性的作用，正是由於生產力的發

展推動了關係結構的變革，從而產生了立足於不同社會經濟形態的分配秩序。

馬克思主義的方法論是開放性的，我們在研究過程中吸收了不同經濟學理論的觀點和方法。例如，本書在一定程度上接受了現代系統論的方法，試圖從系統的視角來研究馬克思主義經濟學的思想體系；依據靜態理論和動態理論的劃分，本書將馬克思的資本累積理論、社會資本再生產理論、利潤率平均化和生產價格理論視為靜態的理論，而將企業家創新、超額利潤的來源和分配以及平均利潤率的變化視為動態理論，研究了把熊彼特意義上的創新納入馬克思的理論體系中所產生的不同結論；同樣地，我們也接受了凱恩斯主義的核心思想，認為有效需求不足與生產過剩實際上是同一個問題的兩個方面，在現象形態上二者都會表現出比例失調，因此現代經濟理論中消費不足的危機理論、比例失調的危機理論都不過是對資本主義經濟週期的一種描述，而馬克思則分析了經濟危機的本質。

最後，必須提到收入分配對於其他經濟變量的影響。在馬克思主義經濟學中，收入分配與經濟週期的傳導機制是這樣的：資本主義基本矛盾→收入差距拉大→消費需求（最終需求）不足→有效需求不足（生產過剩）→經濟危機→各種負反饋方式（反作用，如政府干預、消費信貸等）。收入分配是經濟變量傳導中的一個重要環節。馬克思論證的原理表明市場經濟天然地具有導致兩極分化的效果，資本累積的一般趨勢就是這樣的，也正因為如此，政府對經濟活動的干預是必不可少的。收入分配也是影響經濟發展的重要因素，不同的經濟主體的儲蓄傾向是不同的，在資本短缺的條件下，如果收入分配更傾向於不生產的階級即有閒階級，那麼這種收入分配就不利於整個社會的資本累積。根據馬克思的社會資本再生產理論，可以證明資本累積速度是累積率和平均利潤率的乘積（$u = ar$），累積率越高、

平均利潤率越高，則資本累積速度就越快，這說明剩餘價值相對於可變資本增長越快，社會中用於累積的剩餘價值越多，經濟增長就更快。在資本過剩的條件下，資本累積的速度主要受制於消費需求，而消費需求主要取決於收入分配。所以，馬克思說：「一切真正的危機的最根本原因，總不外乎群眾的貧困和他們有限的消費，資本主義生產卻不顧這種情況而力圖發展生產力，好像只有社會的相對消費能力才是生產力發展的界限。」[①]

　　本書第二章論述分配問題在政治經濟學中的地位和方法，從方法論的角度對分配理論的哲學基礎進行了比較分析；第三章介紹了分配理論的經典模型，包括斯密、薩伊、李嘉圖、馬歇爾和克拉克的分配理論，它們代表了到目前為止各種分配思想的基本模式，現代分配理論也還沒有超越這些分析框架；第四章對馬克思關於資本主義分配問題的理論結構做瞭解讀和評述，闡釋了馬克思分配理論的實質；第五章介紹了馬克思主義的按勞分配思想的形成和發展，這種分配方式從蘇聯開始，在人類歷史上影響了幾乎所有的社會主義國家幾十年，因此有必要在這裡對其進行詳細說明。

　　第六章將熊彼特的創新理論納入馬克思的理論框架，分析了超額利潤的性質及其對一般利潤率的影響。超額利潤是資本主義動態中的重要現象，是一個不可忽視的研究領域，該領域對馬克思主義經濟學發展具有重要的理論價值。本章將馬克思的有關理論確認為靜態，進而在此基礎上結合熊彼特經濟學，研究推動經濟進步的企業家創新活動對經濟運行的影響，從超額利潤的角度對經濟發展的一般情況進行理論上的分析。研究結果表明：引入創新的動態經濟中，超額利潤的來源和分配問題都發生了顯著的變化，實際的利潤率不再表現為一個沒有時

---

① 馬克思恩格斯全集：第 25 卷 [M]. 北京：人民出版社，2008：548.

間框架的單一的持續下降狀態，而是一個隨著創新而不斷變化的波動過程。第七章分析了國家稅收以及政府的消費性支出和生產性支出對於國民收入分配的影響。研究結果表明：政府徵收資本所得稅能夠較大程度地降低社會的剩餘價值率，而消費性支出能夠一定程度地降低剩餘價值率，生產性支出能夠提高剩餘價值率並促進資本累積。第八章分析了其他影響收入分配和財富分配的重要因素，主要包括非正規和非法的權力配置、人力資本差異以及金融市場的財富轉移。第九章重點論證了收入分配與最終需求之間的關係，採用模型化的方法分析了資本和勞動對剩餘價值的分割如何影響最終消費率，利用數據進行了初步分析。

　　第十章立足於對《21世紀資本論》的評價，根據皮凱蒂統計分析的世界範圍內收入分配的現實表現，論證馬克思分配理論的科學性和現代適用性。我們認為，這本書所提供的大量數據資料對於我們認識財富和收入分配的歷史變遷是極有價值的，但是在這些統計現象背後的理論邏輯上，其作者的認識是膚淺的，作者所提供的理論對於結論的解釋是不充分的。因此，我們主張在接受皮凱蒂所做的實證研究結果的基礎上，用馬克思的理論來進行解釋和闡發，將實證材料與馬克思的理論邏輯結合起來，來豐富和發展馬克思主義分配理論研究。第十一章研究改革開放以來中國分配格局的變化及其影響因素，並對調整收入分配提出了若干政策建議。

第二章　分配問題在政治經濟學中的地位與方法

在經濟學史中,將分配問題作為一個獨立的部分進行研究起始於薩伊。在《政治經濟學概論》(1803年)一書中,薩伊將經濟劃分為生產、分配和消費三個部分(三分法),交換屬於生產領域。受薩伊的影響,詹姆斯‧穆勒首次將經濟學分為四大部分:生產、分配、交換和消費,這就是經濟學中著名的「四分法」。馬克思主義經濟學沿用了這種劃分模式,但在四者之間的內在聯繫及其總體性問題上超越了這些形而上的劃分,通過採用從抽象到具體的辯證方法,馬克思的「政治經濟學批判」以《資本論》中的「生產—流通—總過程」而呈現為一個嶄新的理論體系結構。

一、概念的說明

「分配」概念依據研究目標的不同而表現出不同的含義。根據經濟學中有關分配問題的研究,以下幾對概念具有代表性,在這裡我們首先將其提取出來作為研究的前提性界說。

(1)財富分配和收入分配。由什麼構成一個社會的「財富」?這個問題隨著人們的財富觀的不同而不斷地發生著變化。

重商主義者認為金銀是財富，通過出口貿易超額才能增大國家的財富；重農主義者認為農業生產才創造財富，手工業並不創造財富。亞當·斯密將財富的範圍擴展到所有的生產性領域，並將經濟學的研究對象界定為探討「國民財富增大的原因」。現代經濟理論的通常看法是：財富是一個國家所擁有的可用於生產和消費的所有的資財的總和，包括過去累積起來的生產資料和消費資料，也包括當期的產出。在《21世紀資本論》中，皮凱蒂出於可計量的考慮，將國民財富等同於國民資本，將其定義為：「在某個時點某個國家的居民與政府所擁有的全部物品的市場價值之和，這包括了非金融資產（土地、住宅、企業庫存、其他建築、機器、基礎設施、專利以及其他直接所有的專業資產）與金融資產（銀行帳戶、共同基金、股票、所有形式的金融投資、保險、養老基金等）的總和，減去金融負債（債務）的總和。」① 衡量財富數量的重要指標是資本對於國民收入的比例。

在馬克思主義經濟學中，資本家擁有的財富表現為資本，工人獲取生存性工資。資本累積的結果是資本家和勞動者所佔有的社會財富的差距越來越大，馬克思在論述資本累積的一般趨勢的時候將其稱為「二律背反」或「兩極分化」。因此，按照馬克思主義經濟學的定義，財富的分配主要是工人所獲得的工資部分與資本家佔有的總資本之間的關係，收入的分配主要是新創造的價值在資本和勞動之間的分配，表現為工資部分和剩餘價值部分，而剩餘價值部分又可以進一步分為地租和利潤。

（2）功能收入分配和規模收入分配。依據研究的理論基礎的不同，在現代經濟學的研究中，常常將收入分配劃分為功能

---

① 托馬斯·皮凱蒂. 21世紀資本論［M］. 巴曙松，等，譯. 北京：中信出版社，2014：49.

性的和規模性的。所謂功能收入分配，也被稱為要素收入分配，是指國民收入在不同生產要素之間的分配，通常可表示為工資收入和資本收入在國民收入中的比例；規模收入分配，也被稱為個人收入分配，它指的是個人或家庭與其所得收入總額的關係，也就是個人或家庭的規模與其收入的規模之間的關係。

功能收入分配與規模收入分配有內在的關聯。一般地，收入的功能分配差距越大，規模分配差距也越大，反之則規模分配差距越小。按照馬克思主義的觀點，生產資料的分配決定剩餘價值的分配，資本擁有者憑藉生產資料所有權所獲得的國民收入部分越大，勞動者的工資占比就越小，社會的收入差別就越大，這就決定了不同個人或家庭佔有財富規模之間的差別。

20世紀初以來，經濟學家不僅研究基於要素的分配理論，而且開始關注不同收入群體的收入分佈情況。1907（或說1905）年，奧地利統計學家Max Otto Lorenz（洛倫茲）將一國人口按其收入水平從低到高排列，計算出任意人口百分比所對應的收入百分比，將人口累計百分比和收入累計百分比描述在坐標圖上，就得到著名的「洛倫茲曲線」。該曲線的彎曲度代表了收入分配不均的程度，當洛倫茲曲線與45度線重合時，收入在社會中的分配是完全均等的。1912年，義大利經濟學家Corrado Gini（基尼）在洛倫茲曲線的基礎上，提出了「基尼系數」的概念，該系數是通過洛倫茲曲線與45度線間的面積占橫軸與45度線間的面積的比例來計算的，是國際上通行的衡量收入均等程度的指標。基尼系數處於0和1之間。收入分配絕對平等時，基尼系數為0；收入分配絕對不平等時，基尼系數為1。基尼系數越大，社會的收入不平等程度越高。

（3）初次分配和再分配。初次分配是指國民收入依據市場交換的原則在各個生產要素之間的分配，再分配則是政府通過稅收和財政支出對初次分配的結果進行調整從而參與收入分配

的過程。古典經濟學從配第、李嘉圖到斯密都將賦稅和國家的支出作為政治經濟學的重要部分甚至是主要內容來研究，現代經濟理論則將財政學和稅收學作為獨立的經濟學科進行研究。

隨著生產力的發展以及生產關係的調整，資本主義初次分配和再分配的比例發生了極大的變化，在自由競爭資本主義時期初次分配在國民收入分配中占主導地位，政府在經濟中的作用主要在於維持國防、司法和公共設施。隨著資本主義向壟斷和國家壟斷階段的過渡，國家在國民經濟生活中的地位和作用越來越凸顯，再分配在國民收入中的作用也越來越重要，並且成為國家干預的重要方式。

（4）按勞分配和按要素分配。根據社會制度的不同形式，可將分配方式劃分為按勞分配和按要素分配。按勞分配是指在生產資料公有制條件下，社會總產品扣除必要的部分，包括用於累積、折舊、公共費用等，剩下的個人消費品按照個人勞動的數量和質量進行分配的制度。這種分配方式主要存在於社會主義社會。由於生產力還沒有達到高度發達的狀態，社會產品還沒有極大豐富，而不能採取「各盡所能、按需分配」的方式。按要素分配是指在市場經濟條件下，按照生產要素（勞動、資本、土地等）在生產中的貢獻進行分配的制度。這種分配方式主要適用於資本主義社會。

（5）馬克思的兩種分配概念。在馬克思主義經濟學中，總的分配包括生產資料的分配和消費資料的分配。生產資料的分配是根據生產資料所有制和社會需要的比例關係來分配社會生產資料的過程；消費資料的分配是指用於消費的總產品在不同階級之間的分配。對於一個國家而言，生產資料的分配決定了消費資料的分配。我們通常講的國民收入的分配是指社會總產品（C+V+M）中扣除 C 的部分之後，所剩下的（V+M）的部分在勞動、土地和資本所有者三個階級之間的分配，表現為工資、

地租和利潤。

二、從「三分法」到「四分法」

在經濟學上，斯密首次關注了一個國家的財富怎樣自然而然地在社會各階級之間分配，薩伊在斯密經濟學的基礎上將一個國家的經濟劃分為生產、分配和消費三個部分，而李嘉圖則將分配問題置於政治經濟學的核心地位。

在1803年出版的《政治經濟學概論》中，薩伊提出了政治經濟學的研究對象和方法，認為政治經濟學是一門研究「財富怎樣生產、分配與消費」的科學。關於財富的知識，「關於取得財富所必須克服的困難，關於在社會各成員之間分配財富的過程和先後次序，關於使用財富的可能途徑，關於由上述這些而發生的後果，這一系列問題構成現在稱為的政治經濟學這門科學」[1]。薩伊的這本書是由「財富的生產」、「財富的分配」和「財富的消費」三個篇章構成的，這一劃分方法對古典經濟學產生了深遠的影響，這本書成為斯密之後政治經濟學系統化和科學化的最為權威的著作。

在薩伊的劃分中，交換問題被簡單地放在分配理論中，也就是說，分配的收入來源是由產品的價值產生的，這一點不僅為李嘉圖所繼承，也成為生產要素的供求決定分配的理論基礎。首次將交換獨立出來作為政治經濟學的一個獨立分部的是詹姆斯·穆勒。詹姆斯·穆勒是李嘉圖經濟學的系統化的闡述者，他在1821年出版的《政治經濟學要義》一書中，用薩伊的三分

---

[1] 薩伊. 政治經濟學概論 [M]. 陳福生，陳振驊，譯. 北京：商務印書館，1982：15，58-59.

法重新闡述了李嘉圖的理論，將政治經濟學界定為研究「生產增多的手段和制定最有利於達到目的地使用這些手段的規律體系的重要學科」，因此，他認為政治經濟學研究生產和消費，但是在生產和消費之間、在消費之前，物品必須先進行分配，而分配之後為了適應不同的需要又必須通過交換，因此「政治經濟學有四大問題需要探究：①什麼是決定商品生產的規律；②什麼是社會勞動所生產的商品進行分配的規律；③什麼是商品彼此進行交換的規律；④什麼是決定消費的規律。」①

在穆勒看來，生產是勞動和自然規律共同作用的結果，按照是否使用工具，可以設想為只有勞動而沒有資本的原始生產，以及同時使用勞動和資本進行的生產，而資本卻是勞動的產物。分配是國家一年內生產的產品在勞動者、資本家和地主之間分享，要確定的是什麼規律決定了分配的比例。交換研究的是決定商品交換數量的規律，包括個人之間的交換、國家之間的交換以及商品的價格的決定和貨幣問題。消費包括生產性消費和非生產性消費以及政府消費和政府消費的來源即稅收問題。

「生產、分配、交換和消費」的劃分在政治經濟學上具有重要的理論意義。古典經濟學大多沿用這種方法對政治經濟學進行論述。不同的經濟學家側重點有所不同，例如詹姆斯·穆勒主要是對交換和消費問題進行了篇幅較大的論證，而薩伊、麥克庫洛赫則主要研究了財富的生產和分配問題。這四者之間的關係在古典經濟學家中基本上取得了一致意見，即認為生產和消費處於經濟過程的兩端，生產的目的是消費，消費是生產的完成，而分配和交換則是二者之間的仲介環節，生產出來的產品要在社會各階級之間進行分配，分配之後通過交換滿足消費

---

① 詹姆斯·穆勒. 政治經濟學要義 [M]. 吳良健，譯. 北京：商務印書館，2012：4.

的需要。有學者指出，古典經濟學家使用的這種四分法是割裂的，相互之間的聯繫是沒有闡明的。這種說法嚴格來說並不正確。古典經濟學雖然未達到馬克思那樣辯證地闡述四者之間關係的程度，但是它們就四者之間的基本聯繫提供了思想基礎，儘管這種表述還是很初步的。另外值得提到的是，在薩伊和李嘉圖的理論中，生產、分配、交換和消費四者之間的流程是順暢的，社會產品的供求是一致的，不存在生產過剩的情況，產品的供給創造產品的需求，這就是著名的「薩伊定理」；在馬爾薩斯和西斯蒙第那裡，四者之間的流程是不順暢的，社會總產品面臨有效需求不足的問題，這說明他們已經看到了生產和消費之間的矛盾。馬克思提供了辯證地看待四者之間的內在聯繫的綜合性的思想。

三、生產、分配、交換和消費之間的辯證關係

根據唯物史觀的基本原理，馬克思將政治經濟學的概念視為歷史範疇，也就是說，概念和範疇只有在一定的生產關係條件下才具有理論的意義，才是可理解的。因此，就「生產一般」這個概念而言，馬克思認為古典經濟學的不足就在於它把資本主義生產方式中的生產的含義等同於所有社會形態下的生產，因而在古典經濟學的開始部分總是先論述「一切生產的一般條件」：生產要素以及促進生產的條件，好像這些範疇屬於一切時代，代表著與歷史無關的永恆規律。這種抽象並不能對理解資本主義經濟過程有實質性的貢獻，因為，現實的生產總是在一定的社會發展階段上的生產，「一切生產都是在一定的社會形式中並借這種社會形式而進行的對自然的佔有」，「每種生產形式都產生出它所特有的法的關係、統治形式」。所以，馬克思的結

論是：「一切生產階段所共有的、被思維當作一般規定而確定下來的規定，是存在的，但是所謂一切生產的一般條件，不過是這些抽象的要素，用這些要素不可能理解任何一個現實的歷史的生產階段。」①

對之前的經濟學家提出的生產、分配、交換和消費要素之間的聯繫，馬克思認為這種看法是立足於一種「膚淺的表象」，它們並沒有徹底地說明它們之間的內部聯繫。馬克思主義經濟學是古典經濟學特別是李嘉圖的理論的符合邏輯的發展，這種發展體現了一種厘清概念之間內部聯繫的徹底性。例如，古典經濟學家的「資本」這個概念的內涵和外延常常是不一致的，在斯密、李嘉圖、詹姆斯·穆勒的作品中，它既包括生產資料和勞動者的工資部分，又是僅指生產資料，因此常常給人一種概念不清晰的感覺。馬克思的「資本」的界定不僅具有理論上的邏輯一致性，而且簡明清晰。這種理論上的進步並不是馬克思貿然提出的，而是一種理論上符合邏輯的進展，也就是說，馬克思所用的概念是由於理論發展的需要而不得不創立的，這也適用於剩餘價值概念的提出。沒有這個概念，我們對斯密的分配理論和李嘉圖的分配理論就永遠存在著無法徹底理解的困難。

生產、分配、交換和消費構成一個總體的各個環節，一個統一體的內部的差別。從統一性的角度來看，生產與消費是直接同一的，生產過程是對生產資料的消費和人的勞動能力的消費過程，而消費則生產出人本身，是生產的產品的人格化，它又構成了生產的必要環節，因而二者既是直接同一的，生產直接是消費，消費直接是生產；同時它們又是相互對立的，每一方直接是它的對方，每一方都以對方為仲介：「生產仲介著消

---

① 馬克思恩格斯全集：第30卷 [M]. 北京：人民出版社, 1995：28-29.

費，它創造出消費的材料，沒有生產，消費就沒有對象。但是消費也仲介著生產，因為正是消費替產品創造了主體，產品對這個主體才是產品。產品在消費中才得到最後完成。」①

同樣地，在分配之前，實際上已經包含了生產工具的分配以及勞動者在各種勞動種類之間的分配，產品的分配只不過是生產要素分配的背面，「個人以雇傭勞動的形式參與生產，就以工資形式參與產品、生產成果的分配。分配的結構完全決定於生產的結構。分配本身是生產的產物，不僅就對象說是如此，而且就形式說也是如此。就對象說，能分配的只是生產的成果，就形式說，參與生產的一定方式決定了分配的特殊形式，決定了參與分配的形式。」② 也就是說，產品的分配實際上只是生產條件分配的結果，是從屬於生產的，因而是生產的結構決定了分配的結構。一個社會按照什麼社會形式取得產品、佔有自然力，就會形成相應的分配產品的方式。

就生產與交換的關係而言，交換首先是生產的一個因素，在生產之前必須發生直接屬於生產、在本質上組成生產的關於生產要素的交換。不僅如此，生產的產品需要在企業之間進行交換以滿足迂迴生產的要求，生產的消費品最終必須與消費者進行交換，借以提供勞動者的消費資料來維持勞動力的再生產。因此，交換這一部分不是直接包含在生產過程中，就是由生產來決定的。

由此可以得出的結論是：經濟運行是一個總體的過程，在這個過程中，生產、分配、交換和消費構成總體的四個基本環節，每個環節不僅包含著自己獨立的運動，同時也包含著其他環節的運動，它們是總體中的既具有同一性又相互對立的各個

---

① 馬克思恩格斯全集：第30卷 [M]. 北京：人民出版社，1995：32.
② 馬克思恩格斯全集：第30卷 [M]. 北京：人民出版社，1995：36.

要素。在這些要素中,生產起決定性作用,生產不僅支配著自身,也支配著其他要素,「一定的生產決定一定的消費、分配、交換和這些不同要素相互間的一定關係」①。當然,這並不是說其他幾個因素不存在對生產的反作用,市場的擴大會導致生產的擴大,分配的變化也會導致累積的變化,進而影響生產。

四、分配問題在政治經濟學中的地位

　　分配是研究一定的社會結構中的不同階級按照什麼規律獲得社會創造的財富。它屬於經濟利益關係問題。雖然我們不能說歷史上某一個經濟學家由於其學說而代表著不同階級的利益,但是客觀的經濟利益問題卻應當成為政治經濟學的重要問題。這裡有必要對這樣一種看法提出不同的意見:我們經常聽到這樣的觀點,說斯密代表著資產階級的利益。但是在《國富論》中我們卻能讀到斯密大量的對於工商階級的駁斥和對於勞動者的同情。作為科學的經濟學,儘管容易受到個人立場和意識形態的影響,但是如果一門學說不能夠提供客觀的、規律性的東西,它是不可能得到社會認可的。正是因為這樣,我們可以說,像斯密這樣的經濟學家,他的學說的主要目的是解釋經濟規律,解釋國民財富的性質以及探討富國裕民的措施,圍繞著這個目的,他做了實事求是的科學研究,儘管這個研究的結論是通過增加資本來增大國民財富,客觀上是有利於資產階級的。

　　與斯密不同,馬克思的關注點主要在於不同階級的利益關係問題。馬克思是有明確的階級立場的,不僅如此,他還主張政治經濟學應當是具有階級屬性的。為無產階級利益辯護,科

---

① 馬克思恩格斯全集:第30卷 [M]. 北京:人民出版社,1995:40.

學地分析無產階級為什麼在社會利益關係中處於不利地位,這是馬克思進行實事求是的、科學的研究的目的,這個目的是規範性的,但是達到這種規範的結論的分析性內容卻是完全具有科學價值的。對於國民財富的增加和社會利益關係兩個問題,在馬克思看來,第二個問題在他所處的時代更具有研究價值,因為在那個時候社會矛盾處於極其尖銳的時期,時代向他提出了需要解決的問題。

在《資本論》中,馬克思認為具有科學因素的政治經濟學在英國是從配第開始,到李嘉圖結束;在法國是從布阿吉爾貝爾開始,到西斯蒙第結束。李嘉圖在1817年出版了《政治經濟學及賦稅原理》一書。在19世紀20年代,針對李嘉圖學說發生了激烈的爭論。馬克思認為在這個時期,詹姆斯·穆勒和麥克庫洛赫對李嘉圖的理論進行了庸俗化,標誌著李嘉圖學派的解體。19世紀30年代之後,政治經濟學就成為庸俗經濟學了。這是因為,第一,在階級矛盾還不明顯的時候,經濟學家們還能夠科學公正地研究政治經濟學,研究各個階級之間的利益關係。當資產階級和無產階級的矛盾越來越尖銳的時候,進行客觀公正的研究的條件已經不存在了,因此政治經濟學就變成了一門為資產階級利益辯護的學說。第二,由於政治經濟學不涉及具有本質性的生產關係和利益關係,因此它就只能在表面現象中兜圈子,從而不可能解釋資本主義經濟規律,它們「只是在外觀上的聯繫上面打轉轉,為了想要給最常見的現象以表面上也說得過去的說明,並且為了資產階級日常的需要,像反芻一樣,不絕咀嚼科學經濟學許久以前已經供給的材料……又只把資產階級生產當事人關於他們自己的最善世界所抱的平凡而自大的見解組織一下,墨守著,並稱其為永遠的真理。」[1]

---

[1] 馬克思. 資本論: 第1卷 [M]. 北京: 人民出版社, 1953: 65.

分配問題主要包含兩個重要的方面：一是社會階級結構是怎樣構成的，社會的所有制結構是怎樣的。這是決定分配的根本性因素。馬克思超出古典經濟學家的重要的一點就是馬克思把這種關係結構作為研究對象，將這種關係結構的演變作為研究的主要領域，把關係結構的根本性支柱確立為生產關係，並用生產力的發展來解釋生產關係變化的動力。第二個問題是創造的社會財富按照什麼比例在社會各階級之間進行分配，以及各種因素對這種比例有什麼影響。這就涉及不同的理論。馬克思對於這個問題的解釋顯然是直接與古典經濟學特別是斯密和李嘉圖保持一致的，並且馬克思還對他們的理論進行了發展。對比馬克思主義經濟學和古典經濟學，可以看到馬克思對政治經濟學的主要創新和貢獻在於：①在價值理論中馬克思分析了價值形態，這是古典經濟學所沒有的。在《資本論》中，馬克思說：「以貨幣形式為其完成形態的價值形式，是極無內容和極其簡單的。然而，兩千多年來人類智慧在這方面進行探討的努力，並未得到什麼結果，而對更有內容和更複雜的形式的分析，卻至少已接近於成功。為什麼會這樣呢？因為已經發育的身體比身體的細胞容易研究些。」[①] ②剩餘價值的概念在古典經濟學中是不明確的，而馬克思對資本的概念進行了清晰的界定：資本是能夠增值的價值，能夠產生剩餘價值是資本的根本屬性。只有基於此才能夠進一步研究剩餘價值的分割，研究剩餘價值的資本化，以及剩餘價值在不同的分配主體（產業資本家、借貸資本家、商業資本所有者、土地所有者等）之間的分配。李嘉圖經濟學面臨的主要問題之一即價值規律與資本和雇傭勞動相交換的矛盾，也是通過剩餘價值理論來解決的。馬克思通過區分勞動力與勞動的不同，將工資界定為資本家購買勞動力的

---

① 馬克思. 資本論：第1卷 [M]. 北京：人民出版社，1975：7-8.

價格,將勞動過程中新創造的超過工資部分的價值規定為剩餘價值,從而不僅解釋了剩餘價值的來源問題,也解決了勞動力價格與勞動價格之間不均等的問題。可以說,剩餘價值理論是理解馬克思整個經濟學理論的樞紐,所以,恩格斯指出:馬克思的兩大理論貢獻,一個是剩餘價值理論,一個就是唯物史觀。與馬克思同時代的洛貝爾圖斯曾指責馬克思的剩餘價值理論是剽竊他的成果,從馬克思的手稿來看,這種指責是難以成立的,因為馬克思在《1857年經濟學手稿》中首次提出了剩餘價值概念,這個概念的提出似乎是馬克思經過十餘年獨立探索的結果。恩格斯對洛貝爾圖斯的看法是:他接近於發現剩餘價值。③馬克思獨立地提出了社會資本再生產的圖式,這個圖式是馬克思重要的理論貢獻,它比魁奈的經濟表更加成熟,這很可能是魁奈經濟表給馬克思啟示的結果。④馬克思解決了李嘉圖經濟學面臨的另外一個質疑,即價值規律與等量資本獲取等量利潤的矛盾。馬克思設定了利潤率平均化的理想狀態,引出了生產價格的概念,從而將商品的生產價格確定為 (C+V)(1+r),其中r是社會的平均利潤率水平。至於資本累積與人口的關係、地租理論等比較成熟的分析性內容,馬克思直接繼承了斯密、李嘉圖等古典經濟學家的觀點。

由上述分析可知,分配問題所涉及的實際上就是唯物史觀和具體經濟學兩個問題。前者關注的社會生產的制度結構,這個決定了生產要素的所有權關係,各個生產要素的所有者都是通過對於生產要素的法權上的佔有關係而獲取分配份額的,這一原理不僅適用於資本主義社會,而且也同樣適用於前資本主義社會。但是,這只是一般性的結果、對具體結果的抽象,也就是說,它是一般的分配形式問題。在馬克思看來,只有具體化的分配方式才能夠提供實證的結果。所以布哈林在《食利者政治經濟學》一書中指出:「可以提出一般的分配形式問題,即

不僅研究資本主義的分配形式，而且研究分配形式對生產形式的總的依賴關係。如果我們提出這後一個問題，那麼，對這個問題的分析會揭示下列情況：分配過程就其職能作用而言不是別的，正是生產關係本身的再生產過程，每一種歷史上一定的生產關係形式都有能夠再生產該種生產關係的相應的分配形式。資本主義的情況也是如此。『資本主義生產過程是一般社會生產過程的歷史規定的形式。而社會生產過程既是人類生活的物質生存條件的生產過程，又是一個在歷史上經濟上獨特的生產關係中進行的過程，是生產和再生產著這些生產關係本身……的過程』。正是在完全固定的歷史形式中（勞動力買賣、資本家支付勞動力的價格、獲取剩餘價值）進行的資本主義分配的過程，是這一整個資本主義生產過程的組成部分和一定的方面。因此，如果資本主義世界的基本生產關係是資本家與工人之間的關係，那麼，資本主義的分配形式——工資和利潤範疇——就再現這種基本關係。因而，如果不把『整個』生產和分配過程與該過程所採取的、僅僅形成『社會經濟結構』即人們之間某種類型關係的那些歷史經濟形式相混淆——如果不混淆這兩個範疇，那麼就會得出一個明確的結論：我們在解釋某種具體的社會結構時，應當將其作為歷史獨特形成的即具有歷史界限和『特點』只屬於它的那種關係形式。」①

分配作為經濟利益關係的具體度量，是生產的制度結構的最明顯的表現。大衛·李嘉圖在《政治經濟學及賦稅原理》中認為：「確定支配這種分配的法則是政治經濟學的首要問題。」②他所感覺到的，正是分配問題在資本主義經濟關係中的特殊的

---

① 尼·布哈林. 食利者政治經濟學 [M]. 郭連成，譯. 北京：商務印書館，2005：123.

② 大衛·李嘉圖. 政治經濟學及賦稅原理 [M]. 周潔，譯. 北京：華夏出版社，2005：序.

重要性。在資本主義經濟中，人們最真切地感受到的是自己所得的分配份額。資本家在整個分配中的占比大小不僅關係著利潤率的多少，而且關係著資本累積的速度，雇傭工人、資本家和土地所有者之間矛盾著的利益關係直接地體現在分配問題上。馬克思指出的庸俗政治經濟學家的偏見，正是基於對不同階級的利益的偏見，而科學的政治經濟學之所以能夠稱得上「科學」，主要的原因就在於它能夠較為客觀公正地看到不同階級之間的利益關係；而之所以能夠客觀地分析經濟利益，是因為在古典政治經濟學時期，資產階級和工人階級的矛盾還沒有上升為社會的主要矛盾，因而處於這個時期的政治經濟學的主要任務是增加國民財富、反對落後的生產關係對經濟發展的制約。這一歷史性的目的決定了古典政治經濟學的整個傾向性——自由競爭、自然秩序和財產權利。馬克思對李嘉圖將分配作為政治經濟學對象有這樣的評價：「像李嘉圖那樣的經濟學家，最受責備的就是他們眼中只有生產，他們卻專門把分配規定為經濟學的對象，因為他們本能地把分配形式看成是一定社會中的生產要素得以確定的最確切的表現。」①

五、研究方法與敘述方法

如果按照黑格爾的方法，將方法論的層次劃分為感性、知性和理性，那麼古典政治經濟學就主要停留在知性的層面上。這似乎與我們通常的理解有所不同。黑格爾將自然科學的方法等同於形式邏輯的方法，認為它們堅持的是一種片面的、抽象的同一性原則，是一種非此即彼的研究方法，而真正的科學地

---

① 馬克思恩格斯全集：第30卷[M].北京：人民出版社，1995：39.

認識真理的方法是理性，即辯證的方法。我們通常所謂的歸納與演繹、分析與綜合等方法在黑格爾看來也是知性層面上的，而真正理性的方法是辯證的否定方法。馬克思指出：科學在於用理性的方法整理感性的材料。這裡的「理性」在馬克思的語境中，主要指的是辯證方法，而知性的方法只是達到理性認識的一個階段。

根據這樣的認識，古典政治經濟學從配第到李嘉圖、從布阿吉爾貝爾到西斯蒙第，他們所運用的方法顯然不是僅僅停留在感性的歷史描述階段，而是已經上升到科學認識的層次，因此他們在很多方面都受到自然科學方法的影響，他們首次將經濟學提高為一門真正的科學。薩伊在1803年出版的《政治經濟學概論》，無論從哪個方面來看，都是開創性的和基礎性的，即使現代經濟學也沒有完全超出薩伊的概括，可以說，薩伊關於政治經濟學對象和方法的宣言標誌著政治經濟學成為一門真正的科學。在這裡，有必要對薩伊的觀點進行簡要的歸納：

（1）政治經濟學像實驗科學或驗證科學（指自然科學）一樣，依賴於可觀察的大量的事實。薩伊認為，所謂事實不僅包括存在著的物體，而且包括發生著的事件，科學的任務是研究這些物體和事件的本質。「事物怎樣存在或怎樣發生，構成所謂事物本質，而對於事物本質的仔細觀察，則構成一切真理的唯一來源。」[①] 科學可以分為描述事物的敘述科學和闡明事物怎樣發生的實驗科學。政治經濟學屬於研究發生著的事件的實驗科學。

（2）發生著的事實可以從一般情況和特殊情況兩個方面來考察，可以將它們看成一般事實和特殊事實。「一般事實是事物

---

① 薩伊. 政治經濟學概論 [M]. 陳福生，陳振驊，譯. 北京：商務印書館，1997：17.

在一切相似情況下由它們的本質所產生的結果,特殊事實雖也是由事物的本質產生的,但它是幾個動作在特殊情況下互相制約的結果。」①影響事物的因素是多種多樣的,但是事物的性質是由本質性因素決定的,在大量的特殊事實中,由本質性因素所構成的事實就是一般事實。一般事實是以對大量的個別事實的仔細觀察為根據的,是從無可否認的大量特殊事實中得出來的。構成政治經濟學基礎的原則如果以這樣可靠的一般事實為依據,那麼政治經濟學就能夠建立在堅實的基礎之上。

(3)一般事實可以叫做事實的一般規律,也可以成為應用的原則。一般事實「在我們利用它們來確定在我們面前出現的若干結合在一起的情況的作用的規律時,便稱為原則。原則的認識提供了按同一方式都可成功地進行任何研究的唯一可靠的方法」②。

薩伊關於政治經濟學的方法論的表述,實際上包含兩個部分:一個方面就是通過大量的事實提煉一般規律或者分析原則,這個規律和原則排除了大量的偶然因素和個別情況的干擾,是對影響事物變化的本質性因素的提煉,它制約著事物的基本趨勢;另一個方面就是根據所得到的原則或規律,通過精確的推論,以及影響事物的其他條件,演繹出與現實相符合的結論。所以,政治經濟學像自然科學一樣,「是由幾個基本原則,和由這幾個基本原則所演繹出來的許多系論或結論組成的。所以,為使這門科學有所進展,那就必須嚴格地根據觀察推斷這些原則,至於由這些原則所演繹出來的結論的數目,可由研究者按

---

① 薩伊. 政治經濟學概論 [M]. 陳福生,陳振驊,譯. 北京:商務印書館,1997:18.

② 薩伊. 政治經濟學概論 [M]. 陳福生,陳振驊,譯. 北京:商務印書館,1997:25.

他所擬定的研究目的酌量增減」。① 薩伊所述的方法，是歸納法和演繹法組成的，演繹所依據的前提是通過對大量事實的觀察得出來的，通過對大量事實的分析所得出的可靠的原則又稱為演繹所依據的基本前提。這種方法不僅是自然科學所運用的方法，而且在政治科學、倫理學中也同樣適用。但是，薩伊認為自然科學的演繹運用大量的數學，但數學在政治科學、政治經濟學等學科中不一定完全適用，「對於精神世界和物質世界的現象，嚴格的數學計算方法都不適用」②。在政治經濟學中，對研究方法進行如此明確和清晰的表述，可稱得上是薩伊對於政治經濟學的又一偉大貢獻，他所闡述的方法不僅為古典經濟學家所遵循，而且為現代經濟學奠定了方法論基礎。這是對政治經濟學的首次的方法論自覺，是政治經濟學作為一門獨立科學方法的宣言。

斯密的經濟學闡述了主要的原則，但在《國富論》中更多的是關於事實的描述；李嘉圖則更多地運用斯密的原則進行演繹分析。薩伊對於斯密理論的評價是：「亞當·斯密博士的著作，只不過是一大堆雜亂地放在一起的附有啓發性論證的最正確政治經濟學原理和附有有益意見的統計學天才研究。它不是政治經濟學或統計學的完整論著，而是一大堆不整齊的奇妙的創造性理論和已知與已被證明的真理。」③ 薩伊對於李嘉圖的看法，是認為李嘉圖通過抽象的演繹，得出了大量的沒有事實依據的結論。

---

① 薩伊. 政治經濟學概論 [M]. 陳福生，陳振驊，譯. 北京：商務印書館，1997：26.

② 薩伊. 政治經濟學概論 [M]. 陳福生，陳振驊，譯. 北京：商務印書館，1997：26.

③ 薩伊. 政治經濟學概論 [M]. 陳福生，陳振驊，譯. 北京：商務印書館，1997：19.

不管是斯密，還是薩伊和李嘉圖，他們所運用的方法，在馬克思——也就是在接受了黑格爾的辯證邏輯、具有辯證思維的這樣一個哲學家看來，他們的政治經濟學都屬於知性層面上的研究。而馬克思自己所接受的那一套黑格爾的邏輯卻又是建立在絕對精神自我運動的神祕主義的本體論基礎上的。改造他們的政治經濟學，特別是李嘉圖的政治經濟學，把辯證法和政治經濟學結合起來，就成為馬克思所努力的理論方向。馬克思是一個具備了黑格爾辯證思維的哲學家，當這樣一個哲學家面對《林木盜竊法》的具體的物質利益問題時，當需要對現實的資本主義市民社會進行剖析時，當現實的各種矛盾需要提供理論上的解釋時，馬克思意識到法的關係來源於物質利益關係，對市民社會的解剖必須到政治經濟學中來解決。1843年下半年，馬克思開始閱讀政治經濟學方面的書籍。唯物史觀的提出與學習政治經濟學是密切相關，唯物史觀解決的問題是對政治經濟學的基礎和內核的全面解剖，對政治經濟學賴以成立的前提進行批判性考察，即為什麼會產生政治經濟學這樣的理論。這個問題必須從政治經濟學的建立所處的具體的歷史環境和經濟關係來考察。1845年，馬克思、恩格斯在《德意志意識形態》中首次提出了作為政治經濟學理論前提的唯物史觀，依據這樣的研究結論，馬克思全面地批判了蒲魯東的《貧困的哲學》，並在1848年發表了與恩格斯合寫的《共產黨宣言》。馬克思真正地進行政治經濟學的創新性研究是在1857年的手稿中，在這個手稿中，馬克思首次闡述了剩餘價值理論，這個理論的提出成了馬克思政治經濟學的理論基礎。

馬克思尋求辯證法和政治經濟學相結合的嘗試最早發生於1844年。在《1844年經濟學哲學手稿》中，馬克思通過「異化勞動」這個概念對古典政治經濟學進行了首次哲學式的解讀，這種融合更多的是哲學式的思考，而不是經濟學的思維，其特

點是過多的思辨論述，較少的實證內容。1847年馬克思發表批判蒲魯東的著作《哲學的貧困》，對於蒲魯東機械地將黑格爾的辯證法與政治經濟學結合起來，將事物的好處和壞處兩個對立面套用到政治經濟學上，要求保留事物的好的方面，消除壞的方面這種粗魯的辯證法進行了嚴厲的批判。在馬克思之前，拉薩爾也試圖進行這種結合工作，但馬克思認為拉薩爾雖然不像蒲魯東那樣對辯證法存在著粗俗的理解，但是他缺乏對大量事實中內在關係的艱苦的研究，因此他也是不能成功的。直到1859年出版《政治經濟學批判》第一分冊的時候，馬克思才在這個研究上取得了初步的成果。馬克思曾經致信恩格斯說：「這是我15年勞動的成果。」在1867年《資本論》第一卷出版的時候，馬克思才真正地接近完成這一工作。

體現在《資本論》中的主要的方法論可以概括為兩個方面：研究方法和敘述方法。這兩個方面是互逆的過程。研究方法主要是「科學抽象法」，敘述方法主要是「從抽象到具體」的方法。這裡的「抽象」和「具體」兩個概念，與我們通常的理解是不同的。所謂「抽象」是指規定性較少的概念，所謂「具體」是指規定性較多的概念。可以舉一個淺顯的例子：「人」這個概念是一個抽象概念；「男人」和「女人」就是比「人」更為具體的概念，因為它們多了性別的規定性；而「美國的男人」就更加具體了，因為它多了國家的限定。現實生活中，凡是我們所見的事物，都是由許多規定性構成的，都是具體的事物，從具體的事物中提煉出它們的共性，就是一種抽象工作。

馬克思對於自己所使用的方法是這樣表述的：「在形式上，敘述方法必須與研究方法不同。研究必須充分地佔有材料，分析它的各種發展形式，探尋這些形式的內在聯繫。只有這項工作完成以後，現實的運動才能適當地敘述出來。這點一旦做到，材料的生命一旦觀念地反應出來，呈現在我們面前的就好像是

一個先驗的結構了。」① 這裡的研究方法是指從大量的事實材料中抽象出事物的本質，發現事物由一種狀態過渡到另一種狀態、由一個階段發展到另一個階段的內在必然性，探索事物自己運動的邏輯。這種研究過程要求從事實材料中排除各種干擾和偶然性因素，區別什麼是本質性的，什麼是非本質性的；什麼是制約事物發展的一般性條件，什麼是特殊的條件。所謂科學抽象法，就是從具體中抽象出本質的方法，歸納與演繹、分析與綜合等具體方法都可以在抽象過程中使用，而且提煉本質不僅靠這些具體方法，還可能需要洞察力和頓悟等非理性思維的幫助。抽象力不排斥在進行理性思維過程中大量的非理性思維，思維的跳躍是形成科學認識的必然環節。

所謂敘述方法，是指根據科學抽象所得出的結果進行思維的構造以辯證形式呈現出來的方法。只有通過這種敘述的過程，事物運動的清晰的圖像才能夠直觀地呈現在我們面前。敘述是對研究歷程的更高層次的再研究，如果不經歷這個階段，儘管我們知道了本質性要素，得到了具體的結論，但是從本質性要素到具體的現象形態，從靜態的存在到動態的演化是怎樣產生的，對於研究者來說則仍然是模糊的。研究過程得到的更多的是知性層面的知識，而敘述過程才是用辯證思維的理性方法對知性知識的提升，經歷了這樣的昇華，知識才能上升為理性的認識。就政治經濟學而言，古典經濟學家大量使用了科學抽象法，它們提供了經濟運動的幾乎所有的知識。但是這種層面的知識在馬克思看來，並沒有為概念的矛盾展開提供一個歷史性的框架，概念之間的過渡仍然是機械的和任意的，因此它是知性層面的，而不是理性層面的。只有通過辯證思維的再加工，才能達到對事物本質的具體認識。

---

① 馬克思恩格斯全集：第 23 卷 [M]. 北京：人民出版社，1972：23-24.

由此可知，研究方法和敘述方法正好是相反的：研究是從具體到抽象，敘述則是從抽象到具體；研究通過抽象達到對事物本質的認識，敘述以研究所達到的抽象為基礎，通過概念的矛盾展開呈現出具體的現實；研究過程得到的是知性層面的知識，敘述通過對研究所得到的知識進行提升而達到辯證的認識，二者相輔相成，構成了辯證方法實證化的兩個方面。這是馬克思在《資本論》中運用的主要方法。黑格爾辯證法的許多具體方面和規律，在《資本論》中也得到了體現，這裡我們不再過多敘述，而是回到關於分配問題的研究上來。

　　根據抽象程度的不同，分配在馬克思的研究中表現為兩個不同的劃分。在價值分析的層面上，也就是在《資本論》第一卷中，分配表現為雇傭工人新創造的價值在可變資本和剩餘價值之間的分割，即活勞動創造的價值分割成（V+M）兩部分，其中可變資本 V 取決於維持勞動力的再生產的需要，社會產品的總價值扣除補償不變資本的部分和維持勞動力再生產的部分，剩餘的部分為資本家所佔有。在生產價格的層面上，由於競爭，不同資本循環速度和資本有機構成的產業首先會進行利潤率平均化而形成社會的平均利潤率，根據生產中所費的資本的量的大小來分配社會的剩餘價值，這樣就通過成本價格加上該資本獲得的平均利潤率得到商品的生產價格。當進一步考慮土地所有權的實現的情況時，在生產價格層面對剩餘價值分割後形成的生產價格就會被進一步分割，一部分成為地租，一部分成為產業資本家的利潤。如果再考慮借貸資本和商業資本的作用，那麼剩餘價值就會被進一步分割成利息和商業利潤。所以，分配問題在馬克思主義經濟學中因抽象程度的不同而表現為三個不同的層面，這是從抽象到具體方法的體現。

　　這裡有必要提及現代經濟學分析方法與馬克思主義經濟學分析方法的區別。現代經濟學論文的主要方法是演繹推理和計

量實證相結合。研究的第一步是演繹推理。在演繹推理過程中，基本的前提性假設是理性的、自利的經濟人，對經濟人行為存在這各種不同的約束條件，經濟人在這種約束條件下最大化自己的利益。由於每個人都通過這種方式行動，總的結果就是形成一種均衡狀態，在這種狀態下每個人都沒有改變資源配置的動機，經濟處於一種負反饋的情景之中。但這並不是說，均衡是一種靜止狀態，而是表明一種各種力量的均勢狀態。當引入的約束條件發生變化時，可以使這種均衡狀態向另一種均衡狀態移動，從一種均衡狀態到另一種均衡狀態的分析方法就是比較靜態的分析方法。演繹推理的過程可以被簡單地總結為一個統一的模式：運用公理性假設和各種約束條件進行形式邏輯的或者幾何學的推理，達到確定性的結論。研究的第二步是對結論進行實證，用計量經濟方法對假說進行驗證。若所收集到的證據不能夠證實所提出的假說，則對前面的分析過程進行重新考慮，看看是約束條件的問題還是推理的問題，借以改進設定的模型。若根據計量方法所得出的結果證實了模型的結論，那麼就認為所提出的假說被證實，是可接受的。現代經濟學方法概括起來就是：（公理性假設+約束條件）→推理→結論→計量檢驗。這裡，公理性假設是現代經濟學所普遍認可的經濟人假設，也就是消費者效用最大化和生產者利潤最大化；約束條件是指經濟決策所面臨的各種局限，如偏好、技術條件、資源稟賦等，它們構成結論的原因；若結論不能被計量檢驗證實，那麼就說明約束條件並不構成結論的充分必要條件。在馬克思主義經濟學中，資本家是資本主義生產關係的人格化，資本家的行為是追求剩餘價值、獲取利潤，一個人的不以利潤為目的的市場行為並不是經濟行為，不能成為資本家。資本主義生產關係所設定的局限就必然使一部分人成為這種關係的代理人，另一部分人成為與之相對立的執行者。馬克思要分析的就是資本

家行為背後起支配作用的這種關係或者說是制度。馬克思據以得出結論的方法是從各種事實和現象中經過分析發現內部的聯繫，發現從一種狀態過渡到另一種狀態的內在必然性。證明這種運動的必然性的是辯證邏輯，也就是設定矛盾，矛盾的解決導致新的矛盾，在這個過程中，事物本身內在具有的矛盾是推動事物運動和變化的動力，由此通過矛盾的不斷展開來再現事物發展的過程，並形成一系列相互聯繫的概念和範疇的運動。在馬克思主義經濟學中，各種概念是依據矛盾的發展而形成的，任何一個概念都是矛盾展開過程中的暫時的存在，它們的內涵只有在矛盾的展開中才能得到界定，它們所構成的總體形成了一個從抽象到具體的序列，理解了這個序列就能夠達到對現實的具體的總體的理解。舉一個例子：在馬克思之前的政治經濟學中，人口是經濟學家關注的一個重要的範疇，馬爾薩斯對人口與維持人口的生產資料的數量關係界定了一條重要的規律，但是馬克思認為不能對人口進行這種總量的表象的研究，要深入到其內在的結構，即一國的人口在客觀上可以劃分為資本家和雇傭工人，二者相互對立，又同一於資本主義的整體。沒有雇傭工人的存在，就不會有資本家，同樣地，沒有資本家也就不存在雇傭工人。要分析資本家與雇傭工人之間的關係，必須研究工人出賣勞動力的交換，要研究交換就必須進一步研究價值和價格，要研究價值和價格就必須研究商品的性質。對這個過程的追溯最終回到了研究的起點，也就是作為《資本論》邏輯起點的商品。商品不僅是資本主義經濟中最普遍的現象，也是最單純的現象，在我們看來是一個個具體的存在物，但在研究中它卻是最抽象的。這種抽象性不是它的外觀和滿足需要的各種屬性，而是它的社會屬性，即它所代表的社會生產關係。這裡就引出了作為關係的價值概念，從價值、貨幣到資本的矛盾運動就成為再現研究和分析過程的敘述邏輯。打一個簡單的

比方，這就像先收集各種事實和證據，進行分析和加工，將它們串聯成故事，然後按照故事發展的順序，將故事描述出來。

根據上面的解讀，可以看到兩種方法的區別：①現代經濟學運用的是幾何學的方法，是非歷史的，而馬克思主義經濟學的方法本質上是歷史的方法；②現代經濟學是一個公理演繹體系，而馬克思主義經濟學是辯證演繹體系；③現代經濟學對現象的解釋最終歸結到經濟人，馬克思主義經濟學對現象的解釋最終歸結到關係和制度；④馬克思主義經濟學的研究並不排斥對幾何學方法的運用，馬克思主義經濟學所運用的辯證方法是要使形式邏輯和幾何學方法的內容動態化，辯證法是處理動態過程的一種方法。

關於分配問題的研究方法，必須要說明的是，在馬歇爾經濟學之前，政治經濟學是按照「三分法」或「四分法」來研究分配理論的。在馬歇爾之後，均衡價格理論不僅被用來處理商品的交換，而且被用來研究要素市場的定價問題，因此分配理論成為價格理論的一部分，要素市場的價格取決於要素的需求和供給，分配理論實質上就是價格理論。在考察分配理論的演變之前，我們根據馬克思、恩格斯早期對經濟學的前提和方法的研究做一個說明，以明晰馬克思分配理論與現代西方經濟學分配理論在哲學基礎上的差異性。

六、理論前提和哲學基礎

青年馬克思對古典經濟學的批判性研究，為後期《資本論》理論體系的構建奠定了基礎，同時，青年馬克思的經濟學思想也為我們科學地認識西方主流經濟學的前提和方法以及對西方主流經濟學進行現代批判指明了方向。

(一) 對古典經濟學「前提」的批判性研究

馬克思第一次研究政治經濟學的時間集中在 1843 年 10 月到 1845 年 1 月，研究成果形成了《1844 年經濟學哲學手稿》（以下簡稱《1844 手稿》）。《1844 手稿》是代表馬克思早期思想的一部重要著作，自 1932 年發表以來在西方學術界引起了極大的討論熱潮，被稱為「新的福音書」「新發現的馬克思」[①]，中國學術界在 20 世紀 80 年代初也對其有較大爭議。[②] 作為馬克思思想的發源地，其理論支援背景主要反應在馬克思的《巴黎筆記》（1843—1845 年，七冊）中。對物質利益發表見解的需要以及在哲學、歷史、法學和政治研究中理論邏輯的自覺傾向是馬克思走向政治經濟學研究的現實動因；青年黑格爾派、費爾巴哈哲學特別是赫斯、恩格斯和蒲魯東的思想促成了馬克思早期經濟學思想的形成。關於《1844 手稿》的文獻學考證今天依然有分歧，但這不是我們的主要研究目的。我們是要考察這部手稿對古典政治經濟學前提的批判，以及這些看法在哪些方面為成熟的馬克思主義經濟學奠定了思想基礎。

---

① 曼德爾將爭論概括為三種不同的立場：第一種企圖否認《經濟學哲學手稿》和《資本論》之間有任何區別，認為《資本論》中的主要論點早在《手稿》中出現了；第二種認為同《資本論》時期的馬克思相比，《手稿》時期的馬克思更「全面」、更「完整」地闡述了異化勞動問題，特別是從倫理學、人本學甚至哲學的角度說明了這一思想；這些人或者把「兩個」馬克思對立起來，或者用《手稿》的觀點「重新評價」《資本論》；第三種認為《手稿》時期的青年馬克思關於異化勞動的概念，不僅同《資本論》中的經濟分析相矛盾，而且妨礙了青年馬克思接受勞動價值論。這幾種觀點也是我們所不能接受的。參見：中共中央馬克思恩格斯列寧斯大林編譯局馬恩室.《1844 年經濟學哲學手稿》研究（文集）[M]. 長沙：湖南人民出版社，1983：348, 393-394.

② 具體觀點可參考胡喬木、周揚、王若水、秦川、汝信、楊適等人關於人道主義和異化問題的討論。

1. 《國民經濟學批判大綱》對古典經濟學的初次批判

1844年2月恩格斯在《德法年鑒》上發表了《國民經濟學批判大綱》（以下簡稱《大綱》），馬克思於1844年上半年讀到了這個《大綱》，並做了摘要，在1859年《政治經濟學批判序言》中，馬克思稱之為「批判經濟學範疇的天才大綱」[1]。這個大綱可作為《1844手稿》的「姊妹篇」。在《大綱》中，恩格斯的觀點可以歸結為四個方面：①國民經濟學的重商主義體系的產生是商業擴張的自然結果，18世紀亞當·斯密的體系的經濟學革命同其他革命一樣都是片面的並且停留在對立的狀態之中；②經濟學不僅沒有想去過問私有制的合理性問題，而且「不得不背棄和否認自己的前提，不得不求助於詭辯和偽善，以便掩蓋它所陷入的矛盾，以便得出那些不是由它自己的前提而是由這個世紀的人道精神得出的結論」；③「自由主義經濟學達到的唯一肯定的進步，就是闡釋了私有制的各種規律」，雖然這些規律還沒有被闡述為最後的結論，還沒有被清楚地表達出來；④「批判國民經濟學時要研究它的基本範疇，揭露自由貿易體系所產生的矛盾，並從這個矛盾的兩個方面做出結論。」[2] 這四個基本觀點主要涉及國民經濟學的現實基礎和矛盾、理論的意識形態性（不道德性、虛偽性和辯護性）、國民經濟學的前提和科學性以及對國民經濟學進行批判的辯證方法。

恩格斯抓住了重商主義體系和古典經濟學的基本問題，即這兩種體系所具有的共同前提：私有制。國民經濟學被稱為「私經濟學」，因為在「這種科學看來，社會關係只是為了私有制而存在」的。由此出發，私有制的最初結果是商業，商業形成第一個範疇「價值」，抽象價值（實際價值）是生產費用對

---

[1] 馬克思. 政治經濟學批判 [M]. 北京：人民出版社，1976：5.
[2] 馬克思恩格斯文集：第1卷 [M]. 北京：人民出版社，2009：56.

效用的關係，決定是否應該生產，交換價值（價格）由生產費用和競爭的相互作用決定（私有制的一個主要規律）。

恩格斯對基本範疇的把握以及對古典經濟學的認識是運用辯證法進行批判性研究的初步嘗試。原因和前提被歸結為私有制，私有制使生產分裂為自然的方面和人的方面，即土地和人的活動，而人的活動又分裂為勞動和資本，勞動和資本是同一個東西，資本是「積蓄的勞動」，二者的分裂「不外是與這種分裂狀態相應的並從這種狀態產生的勞動本身的分裂」。由這種分裂必然地使人類分裂為資本家和工人，與此相應的是兩者之間利益的對立和鬥爭，在經濟學中文明的叫法就是「競爭」。對競爭的分析是《大綱》最有創見的一部分內容（立足於科學思維並運用辯證方法把握古典經濟學中的市場機制），體現出恩格斯在經濟學上的造詣之高。恩格斯將競爭的規律概括為：「需求和供給始終力圖相互適應，而正因為如此，從未有過相互適應」，由此，供求關係「從未有過健全的狀態，而總是興奮和松弛相更迭」的一種達不到目的的永恆波動，因此，「這個規律永遠起著平衡的作用」，「是一個以當事人的無意識活動為基礎的自然規律」。

《大綱》的主要理論貢獻有兩個方面：

第一，恩格斯首先開始對古典經濟學以實證的和經驗的批判。這種研究的理論目標同《1844手稿》是相同的。在《1844手稿》中，馬克思說：「我的結論是通過完全經驗的、以對國民經濟學進行認真的批判研究為基礎的分析得出的。」[1] 從「針對思辨的批判」到「實證的批判」是馬克思走向經濟學研究進程的一個重大理論轉向，這種轉變一直持續到《1844手稿》之後的整個研究。在《資本論》中，哲學的思想最後完全消解在經

---

[1] 馬克思. 1844年經濟學哲學手稿 [M]. 北京：人民出版社，2000：3.

濟學的語境中，在經濟學中實現了哲學的實證化、歷史的邏輯化以及價值的科學化。但是，1884年的馬克思將自己這種轉變的思想基礎歸結為「費爾巴哈」。他說：「對國民經濟學的批判，以及整個實證的批判，全靠費爾巴哈的發現給它打下真正的基礎。」① 從這裡，可以看出馬克思和恩格斯知識起點的差異。有學者指出，恩格斯較多受維多利亞實證主義的影響，因而與馬克思的思維方式有所不同，這是有一定道理的。

　　第二，恩格斯抓住了重商主義體系和古典經濟學的前提，由這個前提引出矛盾，並從經濟學的基本範疇（國民財富、私有制、商業、價值、生產費用、資本、競爭、壟斷等）入手進行政治經濟學批判。這構成了《1844手稿》和馬克思後期經濟學研究的主要方法論指向，這個方法從根本上說就是黑格爾的辯證方法——以概念為仲介而實現矛盾的不斷展開。在《資本論》中，商品的內在矛盾（使用價值和價值的矛盾）構成了後續一切矛盾分析的出發點和基礎。正如盧卡奇所言：「馬克思描述整個資本主義社會並揭示其基本性質的兩部偉大成熟著作，都從分析商品開始，這絕非偶然。因為在人類的這一發展階段上，沒有一個問題不最終歸結到商品這個問題，沒有一個問題的解答不能在商品結構之謎的解答中找到。」② 1882年在《社會主義從空想到科學的發展》德文第一版序言中，恩格斯也進一步指出：「科學社會主義的產生，一方面必須有德國的辯證法，同樣也必須有英國和法國的發達的經濟關係和政治關係……只有在英國和法國所產生的經濟和政治狀況受到德國辯證法的批

---

　　① 馬克思. 1844年經濟學哲學手稿 [M]. 北京：人民出版社，2000：3.
　　② 盧卡奇. 歷史與階級意識 [M]. 杜章智，等，譯. 北京：商務印書館，2004：146.

判以後，才能產生真正的結果。」①

2. 作為國民經濟學出發點的經濟事實：私有財產

《1844 手稿》相比於《大綱》實現了研究視角的轉換。在《1844 手稿》筆記本Ⅰ中，馬克思首先從勞動和工資、資本和利潤以及土地和地租三個方面，從國民經濟學本身出發，從私有財產的具體形式出發，闡釋了「私有財產在現實中所經歷的物質過程」，從而指出古典經濟學的缺陷：從私有財產的事實出發，但沒有給我們說明這個事實，「當它想說明什麼的時候，總是置身於一種虛構的原始狀態」②。恩格斯從「私有制」出發，評價了私有制的道德合理性，沒有去追問私有制的產生原因和本質。在馬克思這裡，出發點演變為具體的經濟事實即「私有財產」，這一視角的轉變為馬克思進一步的理論構建奠定了基礎，因為私有財產並不是僵死的「物」，而是主體即人的對象化、物化，這種對象化、物化的活動就是勞動。正因為如此，馬克思說：「私有財產的主體本質，作為自為地存在著的活動、作為主體、作為個人的私有財產，就是勞動。」③ 在《政治經濟學批判》（1859 年）、《資本論》（1867 年）中，分析的出發點進一步演變為「資本主義生產方式占統治地位的財富」即作為私有財產的一般形態的商品，而勞動（抽象勞動、勞動一般）成了「價值」（商品的屬性之一）實體，由此產生了商品到貨幣到資本的這樣一個矛盾不斷展開以及「勞動」的具體存在方式在運動中不斷地進行生滅變幻的具體的歷史過程。蘇聯學者尼·伊·拉賓在《青年馬克思和成熟馬克思》一文中作過這樣

---

① 恩格斯. 社會主義從空想到科學的發展 [M]. 北京：人民出版社，1997：7-8.

② 馬克思. 1844 年經濟學哲學手稿 [M]. 北京：人民出版社，2000：50-51.

③ 馬克思. 1844 年經濟學哲學手稿 [M]. 北京：人民出版社，2000：73.

的評價:「異化勞動範疇起了重要的啓發作用,它是所有政治經濟學範疇的一般理論根據,有助於把這些範疇(包括私有制範疇)理解為在勞動活動過程中人與人之間隨著歷史發生變化的關係的抽象形態。」①

在《1844 手稿》筆記本Ⅲ中,馬克思對斯密和重農學派做了一個重要的評論,這個評論奠定了勞動價值論的哲學基礎②。他說,與把勞動視為自己的原則,而不再認為私有財產僅僅是人之外的一種狀態,並揭示出在私有制範圍內財富的主體本質的啓蒙國民經濟學相比,那些視私有財產僅僅為對象性本質的貨幣主義體系和重商主義體系,就是拜物教徒、天主教徒,所以恩格斯有理由把斯密稱作「國民經濟學的路德」③。「私有財產的主體本質」道出了勞動價值論的真正意蘊和內涵。這一觀點早在黑格爾關於「市民社會」的思想中已經有所啟示。對古典經濟學(斯密、李嘉圖)的哲學提煉,使黑格爾認識到,政治經濟學是從「需要和勞動的觀點出發,然後按照群眾關係和群眾運動的質和量的規定性以及它們的複雜性來闡釋這些關係和運動的一門科學」。黑格爾認為,勞動對自然物質的「造型加工使手段具有價值和實用」,需要和勞動(為主觀性和客觀性的仲介)構成市民社會的第一個環節。④ 從這裡不僅可以發現馬克思在《黑格爾法哲學批判》之後向政治經濟學尋求解剖「市民

---

① H. 拉賓. 青年馬克思和成熟馬克思 [J]. 趙國琦,譯. 國外社會科學, 1983(3).

② 相反地,也有學者認為這時馬克思對古典經濟學勞動價值論的態度是模糊的。參見:邱海平. 馬克思對古典經濟學勞動價值論的認識究竟是如何轉變的 [J]. 經濟縱橫, 2008(5).

③ 馬克思. 1844 年經濟學哲學手稿 [M]. 北京:人民出版社, 2000:50-51.

④ 黑格爾. 法哲學原理 [M]. 範揚,等,譯. 北京:商務印書館, 1982:204-209.

社會」之工具的理論轉向的先兆，也可以看出勞動價值論真正的意蘊和內涵。價值絕不是人對物的主觀效用，而是由勞動仲介的客觀存在，這種客觀存在在《資本論》中被稱為「幽靈般的對象性」，並獲得了自我運動的生命力。

在《1844 手稿》中，馬克思對勞動還是抽象地進行理解的，但已經開始了向經濟學範疇轉變的特徵，體現在關於「分工」的理論史考察中，分工被定義為「異化範圍內勞動社會性的國民經濟學用語」。從勞動的角度理解分工，在《德意志意識形態》中得到了進一步的發揮，這時分工進一步獲得了經驗基礎，並具體地闡釋了分工和所有制的歷史形態及其同生產力的關係以及生產同交往的矛盾。這些概念的內在聯繫以及作為辯證的環節在具體歷史中的邏輯展開最終是在《資本論》中完成的。

勞動概念在馬克思的理論邏輯中不僅僅作為一個揭示經濟現象之社會本質的經濟學概念，而且也是一個關於人自身、人的自由和發展的哲學概念。「勞動包含著解放的環節」[①]，這一點構成了唯物史觀的立論基礎之一。

3. 勞動與人的解放問題

基於勞動的視角分析「私有財產的關係」是手稿中最有爭議的一部分內容。在這一部分中，馬克思提出了「異化勞動」的概念，並用異化勞動來分析私有制條件下財產關係的本質：勞動者同自己的勞動產品相異化；勞動活動的異化；人同自己的類本質相異化；人與人相異化。勞動作為有目的的、感性的、自由自覺的生命活動，異化為由外在必然性支配的、抽象的、被奴役的機械性活動。

---

① 黑格爾. 法哲學原理 [M]. 範揚, 等, 譯. 北京：商務印書館, 1982：208.

馬克思認為，通過分析異化的、外化的勞動概念得出私有財產的概念，從這兩個概念出發可以闡明國民經濟學的一切範疇，而每一個範疇，例如買賣、競爭、資本、貨幣，都只不過是這兩個基本因素特定的、展開了的表現而已。在恩格斯那裡論證了國民經濟學缺乏私有制這個前提，在古典經濟學那裡將「勞動」作為靈魂和原則，馬克思則將兩者的認識推進了一大步：用異化勞動作為私有財產的本質和原則。由此出發，國民經濟學沒有解決的矛盾（恩格斯在《大綱》中提出的）就自然容易理解了：①國民經濟學從勞動是生產的真正靈魂出發，但它沒有給勞動提供任何東西，而是給私有財產提供了一切；②從異化勞動對私有財產的關係中可以得出結論：整個人類的解放包含在工人對生產的關係中，而一切奴役關係只不過是這種關係的變形和後果而已。這些分析在恩格斯的批判的基礎上前進了一大步，構成了馬克思後來寫作《資本論》的邏輯起點和思想基礎。

但是，在《1844手稿》中馬克思還沒有解決人的現實性問題，人作為社會存在物，被稱為「類人」，還沒有從一定的、具體的、歷史的條件考察人。在《關於費爾巴哈的提綱》中，人的本質被歸結為（在現實性上）社會關係的總和，在《資本論》中，資本家成為資本（關係）的人格化，體現出馬克思的認識逐漸遞進的過程。從類本質到一定的關係中的人，抽象的人的概念被寓於具體的、歷史的情景之中，並在一定的生產關係中得到理解，而人的解放問題最後被歸結為實踐問題。

（二）西方主流經濟學的前提及其方法論缺陷

1. 西方主流經濟學毫無疑問是建立在私有制的基礎之上的

在私有制的前提下形成的市民社會（中等階層、小商人）的意識形態，使一切人看一切人都是「自利的」，所以理論的構

建不是從私有財產和勞動出發的，而是從「經濟人」出發的；財產的社會存在方式不在考察的視野之內，理論所體現的只是人對物的效用關係以及人與人之間原子式的競爭關係。

這個理論框架隨著對人的經濟學抽象的完成而走向成熟，在斯密那裡僅僅表現為承認人的受同情心（共同情感）① 約束下的利己動機：我為自己的利益打算，但是我的利益也能夠為你帶來好處，「請給我以我所要的東西吧，同時，你也可以獲得你所要的東西，我們不說喚起他們利他心的話，而說喚起他們利己心的話，我們不說自己有需要，而說對他們有利」②，這是一種還沒有經過現代科學方法包裝的啓蒙意識，是直接對於市民社會中帶著利己目的的人（首先是商人，其次是中等市民）的心理歸納。而現代西方主流經濟學則明確「經濟人」為一種方法論上的抽象，即假定人都是在約束條件下追求自身利益最大化的，分析在給定的情況下，人的行為是怎樣的，通過競爭而實現的均衡的結果又是怎樣的。在這樣一種科學話語條件下，人的本質不在經濟學研究範圍之內。因為在 A→（C→E）③ 的科學分析模式中，經濟人假定並不意味人的本質就是這樣的，而是說在這個假定成立的條件下，即假定人是利己的和理性的，受一定的資源約束、制度約束和技術約束的人類行為會有什麼樣的結果。

隨著對人的抽象的完成，原先進行科學抽象所賴以建立的

---

① 朱紹文. 亞當·斯密的《道德感情論》與所謂「斯密問題」[J]. 經濟學動態，2010（7）.

② 亞當·斯密. 國民財富的性質和原因的研究 [M]. 郭大力，王亞南，譯. 北京：商務印書館，1979：14.

③ 其中，A 代表 Axiom（公理），C 代表 Condition（條件），E 代表 Evidence（證據），由 A、E 得到 C 叫做科學解釋，由 A、C 得到 E 叫做科學預測，由 C、E 得到 A 叫做科學猜想。

經驗來源和世俗基礎被拋棄了，經濟學變成了一種幾何公理體系。經濟學面向現實的理論起點不是人，而是人之外的、由人產生的、反過來統治人的物質、技術和制度；經濟學不關注人的現實需要，而是將抽象的利己動機擴展到人類的一切歷史和社會生活領域中，技術和制度的變遷成了一種依賴於當事人進行成本和收益計算的利己選擇。李斯特批評斯密用「小市民的眼光」看待處於不同歷史發展階段的國家間貿易，西方主流經濟學則有過之而無不及，它將商業的交換原則擴展到一切領域，甚至人的良心、道德也能估價，成為交易的對象。西方主流經濟學的每一步擴展（放鬆假定、應用到新領域），實質上都是商品拜物教意識以新的方式呈現，或者是在新的領域的擴張。

2. 由於掩蓋了經濟現象背後的所有制關係，西方主流經濟學只有十分有限的解釋價值

所有制或者說生產關係反應一個社會中的財產的佔有關係。經濟活動是在一定的關係結構中進行的，這種關係結構被社會成員認可，在意識形態上具有統治地位，成為人們的日常生活意識，並由相應的上層建築來保護它，具有相對穩定性。社會形態的變遷實質上就是指這種關係結構的變遷。一門經濟科學只有揭示了這種關係結構，並且從這種關係結構出發來認識經濟問題，才能把握住經濟活動的本質和規律。也只有從這一點出發，才能夠理解一定社會中人的行為的社會含義。因為，人並不是單一的、孤立的抽象物，人的具體的、歷史的實踐活動不僅使自身對象化於物中，而且在與他人的關係中建構自我：他人是我的一面鏡子，我對對象、對他人的關係即我的意識。所以，馬克思說：「在某種意義上，人很像商品。因為人來到世間，既沒有帶鏡子，也不像費希特派的哲學家那樣，說什麼『我就是我』，所以人起初是以別人來反應自己的。名字叫彼得的人把自己當作人，只是由於他把名叫保羅的人看作是和自己

相同的。因此，對彼得來說，這整個保羅以他保羅的肉體成為人這個物種的表現形式。」①

马克思反对鲁滨孙故事中那個抽象的人，是因為人的身體和物質結構只不過是社會關係的承載者而已，而人和人之間的關係又不是單一主體性的，而是主體間性的。人的意識也只是隨著一定關係的變化而變化的不斷建構的歷史過程，處境變了、關係變了，人的意識也相應地發生變化。哈耶克正是看到了不同的人群共享著不同的精神結構，而我們只是以自己頭腦中的精神結構去解讀別人的行為，才用一種解釋學的視角去說明人類社會的擴展秩序。西方主流經濟學在捍衛資本主義意識形態、捍衛新自由主義方面與哈耶克是共同的，但理論結構的基礎則是完全不同的：一個主張反還原主義、進化理性主義和自發秩序；一個則是還原主義、建構理性主義和物理均衡觀。前者繼承了蘇格蘭啟蒙理性的思想，在一定程度上接近了馬克思，但遠未達到辯證法的高度，未超出資產階級法權關係的眼界；後者則延續了法國理性啟蒙思想傳統，被哈耶克歪曲為社會主義的理論基礎，並被當作馬克思主義來批判。

西方主流經濟學利用原子個人構建的均衡體系，僅僅是一種完美的形式主義推理，通過這種途徑所得出的原理，根本不能理解真實的生產和消費，更不要說去理解一定社會的生產方式。之所以如此，是因為它把供求關係這一類的經驗規律絕對化地理解為一般規律，承認既定的物象化的經濟事實，不去揭示其本質，而是將現象本身作為絕對的規律。馬克思在《巴黎筆記》中就對這一點做過批判。他說，國民經濟學用社會利益代替非社會利益的任意假定並通過這種假定做推理僅僅是證明了：「在現代制度中，理性規律只有通過把現存關係的特殊性質

---

① 馬克思. 資本論：第 1 卷 [M]. 北京：人民出版社，1975：67.

抽象掉才能得到維持，或者說，規律僅僅以抽象的形式進行統治。」①

用作為資產階級所有制和生產關係的產物的觀念去理解廢除資產階級所有制的主張，是西方主流經濟學不能理解真實社會的根本原因所在。換句話說，西方主流經濟學只不過是現代資本主義生產關係的產物。它不能理解自己的母體，因為一旦這樣理解，其結果就是要取消自己的存在，承認自己的非科學性及所有制關係的非合理性，承認不得不用自己的道德要求（自由、平等）去否定自己賴以建立的客觀基礎這一內在矛盾。所以，馬克思、恩格斯批評說：「你們的偏私觀念使你們把自己的生產關係和所有制關係從歷史的、在生產過程中是暫時的關係變成永恆的自然規律和理性規律。這種偏私觀念是你們和一切滅亡了的統治階級所共有的。你們談到古代所有制的時候所能理解的，你們談到封建所有制的時候所能理解的，一談到資產階級所有制你們就再也不能理解了。」②

3. 西方主流經濟學的分析邏輯無法把握事物的內在聯繫

所謂「內在聯繫」是指事物過渡的必然性。「它異於別的科學所尋求的那種僅僅外在排比」，也異於通常的處理方法，「即先假定一套格式，然後根據這些格式，與前一種辦法一樣，外在地武斷地將所有的材料平行排列。再加以由於最奇特的誤解，硬要使概念的發展的必然性滿足於偶然的主觀任性的聯繫。」③這種認識方法既不同於孤立的、靜止的、片面的知性形而上學方法，也不同於「要求具體內容和堅實據點」的經驗主義方法，而是尋求「一種內在的超越」、一種「自己運動」的邏輯。黑

---

① 中國《資本論》研究會，《資本論》研究資料和動態編輯組.《資本論》研究資料和動態：第六輯 [M]. 南京：江蘇人民出版社，1985：51.
② 馬克思恩格斯選集：第 1 卷 [M]. 北京：人民出版社，1972：268.
③ 黑格爾. 小邏輯 [M]. 賀麟，譯. 北京：商務印書館，2009：2.

格爾說：「由於這種內在的超越過程，知性概念的片面性和局限性的本來面目，即知性概念的自身否定性就表述出來了。凡是有限之物莫不揚棄其自身。因此，辯證法構成科學進展的推動的靈魂。只有通過辯證法原則，科學內容才達到內在聯繫和必然性，並且只有在辯證法裡，一般才包含有真實的超出有限，而不只是外在的超出有限。」①

從抽象的、思辨的邏輯轉向具體的、實證的邏輯是馬克思對辯證法的重大歷史貢獻，所以，在人們稱黑格爾為「死狗」的時候，馬克思公然聲稱自己是這位思想家的學生。恩格斯的《國民經濟學大綱》是試圖運用辯證法研究經濟學的第一次嘗試；馬克思則通過《資本論》最終實現了這個偉大的科學創舉——將辯證法運用於政治經濟學研究中，同時也在政治經濟學中實現了對黑格爾辯證法的合理改造。列寧說，不瞭解黑格爾的邏輯學，就不能瞭解馬克思的《資本論》（特別是第一章）②，道出了馬克思主義經濟學方法論的真正精神。馬克思曾引用一位批判者的論述對自己的方法論做了說明：「通過準確的科學研究來證明一定的社會關係秩序的必然性，同時盡可能完善地指出那些作為它的出發點和根據的事實。為了這個目的，只要證明現有秩序的必然性，同時證明這種秩序不可避免地要過渡到另一種秩序的必然性就完全夠了，而不管人們相信或不相信，意識到或沒有意識到這種過渡。」③

西方主流經濟學沒有達到黑格爾所說的「辯證思維」的理性層次，而是僅僅停留在知性形而上學階段。它與古典物理學的思維層次是相同的，遠遠落後於現代自然科學在世界觀和認

---

① 黑格爾. 小邏輯 [M]. 賀麟, 譯. 北京：商務印書館, 2009：176.
② 列寧. 哲學筆記 [M]. 北京：人民出版社, 1974：191.
③ 馬克思. 資本論：第 1 卷 [M]. 北京：人民出版社, 1975：20.

識論上的新發展（系統觀、演化觀等）。由於不能用一種普遍聯繫的、自己運動的和總體性的觀點來把握經濟規律，它不能從根本上揭示經濟現象間的內在聯繫以及這些聯繫進行過渡的客觀必然性。「假定—推理」模式只是將外在的經濟事實納入經濟人和約束條件的分析框架，它不能在人類社會的範圍內處理具有目的性和多樣性的、複雜的、能動性的實踐活動。現代自然科學的發展已經遠遠超出了牛頓式的機械唯物主義世界觀，從而在更廣闊的範圍裡證實著辯證法的基本觀點。例如，系統論（包括老三論以及耗散結構理論、自組織理論、突變論、協同論等）在具體科學層次上與辯證法有諸多共同點，從而在自然科學的實證研究中證實著和豐富著辯證法的基本思想：「自己構成自己的道路」「聯繫的必然性」「差別的內在的發生」「仿佛是向舊東西的回復」，等等。

（三）進一步的思考

長期以來，在中國經濟學研究領域，並沒有重視馬克思早期文獻的意義和作用，《1844手稿》只是在哲學領域裡成為人道主義和科學主義爭論的焦點問題。對比《1844手稿》和《資本論》的經濟學分析邏輯，可以看出二者在思想上沒有實質性的衝突，手稿中關於經濟學前提和方法的分析構成了馬克思成熟作品主要的邏輯線索，手稿中的立場和思路為《資本論》奠定了基礎，因此，割裂二者之間的關係，或者抬高馬克思早期思想的地位，都是不恰當的。

馬克思、恩格斯對古典經濟學的批判對於我們正確認識西方主流經濟學的意義在於：

第一，不能在西方主流經濟學自己的邏輯框架內對其進行批判。流行的批判方式就是批判西方主流經濟學假設的不真實性，例如，說經濟人不能反應人的本質，經濟人假定是不真實

的，但這種批判實際上並沒有擊中要害。資產階級經濟學是在資本主義生產關係及相應的意識形態視角下看待經濟活動中的當事人，「經濟人」只不過是資本主義生產關係的人格化的一個抽象。因此，從西方主流經濟學的前提和方法來進行批判就會陷入「邏輯陷阱」，從而不能從根本上認識其缺陷。

第二，馬克思主義經濟學與西方主流經濟學的前提和方法在性質上具有根本的不同。西方主流經濟學的前提正是馬克思主義經濟學要考察和批判的對象，馬克思主義經濟學在局部也使用和西方主流經濟學類似的方法。因此，試圖從這兩個方面實現二者的融通只能是歪曲和片面化馬克思主義經濟學，用西方主流經濟學的科學標準（如證偽主義）批判馬克思主義經濟學的非科學性是站不住腳的。

第三，西方主流經濟學是資本主義生產關係的產物，這決定了其理論傾向和基本立場是為私有制辯護的；馬克思主義經濟學則站在廣大人民群眾的立場上，通過對資本主義私有制的科學分析，揭示從資本主義到社會主義過渡的歷史必然性。立場不同決定了二者承擔著不同的任務和歷史使命。

綜上，我們認為青年馬克思的經濟學思想不僅從對象和方法兩個方面奠定了馬克思主義經濟學的基本框架，而且至今對於從古典經濟學到當代西方主流經濟學的所有資產階級經濟學都具有超越性的批判意義。也只有從《1844手稿》的基礎上理解馬克思的後期著作，特別是勞動價值論，才能透澈理解馬克思主義經濟學的真正思想意蘊和內涵。

七、馬克思主義經濟學的方法論精髓和特徵

在中國學術界，經濟學是各學科中思想交鋒最激烈、分歧

最明顯的學科領域。20世紀80年代以來，由於馬克思主義政治經濟學的「解釋困境」和「停滯」趨向以及資本主義意識形態的侵入，西方經濟學逐漸占據了科研和教學中的主導地位，並逐漸取代了馬克思主義政治經濟學，因而在20世紀90年代中期發生了政治經濟學同西方經濟學的第一次交鋒和碰撞①。事隔不久，劉國光的《經濟學教學和研究中的一些問題》一文再次挑起了兩個範式之爭。當前，政治經濟學逐漸被邊緣化已是一個不爭的事實，不少人認為「馬克思主義已經死亡」「共產主義已經死亡」，政治經濟學只是陳舊的概念，是意識形態，是沒有應用價值的，是不可證偽的，等等；也有人認為政治經濟學研究的是經濟本質，西方經濟學研究的是經濟現象，認為政治經濟學研究經濟制度，西方經濟學研究經濟運行等。本節將針對這些問題，嘗試從方法論的角度來闡釋馬克思主義政治經濟學的科學性和解釋力。我們將解釋為什麼馬克思主義政治經濟學是一個開放性、包容性的體系，這一體系又是如何容納古典主義、歷史主義、制度主義等的，從而能夠成為一種超越現代主流範式的綜合性的理論體系。

（一）方法論精髓

馬克思的政治經濟學理論體系主要包括勞動價值論、剩餘價值論、社會再生產理論和經濟崩潰理論。勞動價值論是其他理論的基礎，因此，企圖否認馬克思主義政治經濟學的人常常以否定和歪曲勞動價值論為目標。例如，形形色色的生產要素創造價值論、知識和技術創造價值論、機器創造價值論、沒有

---

① 樊綱在《「蘇聯範式」批判》一文中指出政治經濟學正處於深刻的範式危機之中，而崔之元在《西方經濟理論的範式危機——與樊綱先生商榷》一文中卻認為西方經濟理論處於深刻的範式危機之中。

勞動價值論的剝削理論、物質勞動創造價值論、廣義勞動價值論、新勞動價值一元論、勞動整體價值論等。實際上，馬克思勞動價值論的真正的意蘊卻在於私有財產的主體本質，正是在這個意義上，恩格斯把斯密稱為「國民經濟學的路德」。

政治經濟學的理論預設是「分工」和「時間」，「分工」是構成資本主義商品經濟的基礎，「時間」是衡量勞動價值的唯一標準，勞動價值論的理論意義和應用價值就在於「時間節約原則」和「時間分配原則」，資本主義體系使這兩個規律強制性地發揮作用。在馬克思的語境中，商品的「價值」是在一個以分工為基礎的整體經濟循環背景中形成的，它代表了商品在正常流通條件下的社會認可程度，是一種生產、交換和分配關係的整體決定變量。

勞動價值論和剩餘價值論是馬克思對古典勞動價值論的揚棄，表明了在資本主義的「關係場」中，以人格之平等確認主體「價值和自由」的資本主義「人權觀」所掩蓋的實質上的「剝削」關係。換句話說，資本主義是一個「利益」至上的時代，交易者在買賣和交換關係中擁有的權利「平等」和「自由」是虛幻的，資本主義最大的秘密就在於模糊了勞動的貨幣和時間衡量尺度，從而使資本家在一個競爭性環境中攫取工人的「自由時間」，這樣才能把資本主義的生產模式建立在以工人維持生存、資本不斷增殖的生產和再生產的循環模式之中。資本家追求剩餘價值的唯一手段和來源就是節約「勞動時間」，延長「剩餘時間」，剩餘價值的多少就代表了「勞動時間」和「自由時間」的分配比。

資本主義經濟運行表現為永無休止的資本流通和資本循環，不斷地重塑和擴大資本主義生產的時空範圍，也不斷地造就出新的工人和資本家，從而維繫著資本主義生產關係的「自動穩定器」，這是一個「自控」的自我複製系統。從經濟循環的角度

看，社會再生產表現為兩大部類——生產資料和消費資料——之間的平衡，這一圖式展示了剩餘價值的累積在資本主義生產中的作用，也預示了循環「脫序」的可能性和全面性，甚至在商品交換中買和賣的時空分離就已經內含了危機的可能性，資本主義的內在矛盾在於個人與社會之間的割裂和矛盾。在資本主義社會中，分工已經發展到這樣一種程度——整個經濟大循環的各個環節相伴相隨，絲絲相扣，要求每個主體的經濟行為同社會整體循環相適應，否則經濟體系就會不穩定，必然會產生相應的干擾和波動。而資本主義經濟的內在邏輯在於，資本主義越發展，生產同需要就會越來越不相適應，生產的無限擴大同社會的有效需求不斷收縮趨勢就會越來越矛盾，從而必須通過外力干預才能使其暫時擺脫危機。資本主義的發展史印證了馬克思的推理邏輯，自 19 世紀末期以來世界範圍內無論是西方國家還是東方國家都加強了國家干預，同時，資本主義自身對外擴展也是資本主義擺脫危機的主要手段。

馬克思的《資本論》提供了將辯證法和唯物史觀創造性地運用於資本主義分析的一個宏偉藍圖，他將資本主義作為一個矛盾的統一體，研究資本主義矛盾的對立運動是如何導致資本主義「揚棄」自己的形式，從而達到更高階段的發展的。在他那裡，資本主義從產生的那一刻起就存在著「肯定」自己和「否定」自己的力量，這些力量經過自身量的累積和雙方力量的對比，達到一定的程度，必然會導致質變。這時，資本主義將超越它舊有的一切形式，向更高的社會階段過渡，這是一個「否定之否定」的「自然歷史過程」，是合目的性和合規律性的統一。馬克思對資本主義的剖析所要揭開的是資本主義生產方式和交換方式基礎上的社會結構以及社會中兩大階級的利益關係和社會關係，批判資本主義的商品拜物教，解釋資本主義經濟的運行過程，從而為我們找到了一把打開「歷史之謎」的鑰匙。

(二) 方法論特徵

「馬克思主義問題的正宗是純粹講方法的」①，縱然政治經濟學研究的材料具有特殊性和歷史性，但是其方法卻具有最廣泛和恆久的生命力。因此，無論在東方還是在西方，真正深刻的思想家都不會忽視馬克思的思想和方法，例如盧卡奇聲稱：「在馬克思出現以後的時代，認真研究馬克思應當是每個抱嚴肅態度的思想家的中心問題，掌握馬克思的方法和成果的方式和程度決定著他在人類發展中的地位。」海格德爾指出：「馬克思通過對異化的體驗而達到了一個本質性的歷史的維度，所以馬克思的歷史觀優於其他的歷史學……由於胡塞爾和薩特都沒有在存在中認識到歷史事物的本質性，所以現象學和存在主義都沒有達到可以和馬克思主義進行一個創造性的對話這一緯度。」②

在經濟學上，馬克思除了創立「剩餘價值理論」之外，還廣泛地包容了結構主義、達爾文主義、後現代主義和制度主義等豐富的思想內涵。

1. 馬克思主義經濟學所使用的方法帶有極強的結構主義特徵

結構主義方法將總體分割為碎片，進而研究各部分的結構變化如何引起總體的變化，認為主體受結構支配，主張通過共時態分析尋找對象的「深層結構」。在馬克思主義經濟學中，資本主義社會結構的變遷是自發的，歷史的進程不是由單個力量的偶然性決定的，而是由不以人的意志為轉移的各種力量共同推進的，因此，歷史的主體不是人民群眾或者精英，而是超越

---

① 保羅·斯威齊. 資本主義發展論——馬克思主義政治經濟學原理 [M]. 陳觀烈, 秦亞男, 譯. 北京: 商務印書館, 2000.

② 俞吾金. 重新理解馬克思 [J]. 學術界, 1996 (5).

人的生產關係結構。資本主義生產關係一旦形成並固定下來，就會對人本身施加強制性的規律，馬克思就是要揭示這種「鐵的必然性」。當然，馬克思所使用的方法同結構主義方法也有很大的差別，結構主義研究的是符號化的對象之間的關係，結構成了一種精神的模型，而馬克思所有的研究皆是由客觀的實踐中產生的，理論的構建是通過人的抽象能力來實現的；結構主義不承認結構演變的歷時態和因果律，而馬克思主義經濟學卻使用了邏輯和歷史相統一的研究方法。在馬克思主義經濟學裡，關係和結構的變遷受一定的規律支配，這些規律產生於構成關係和結構的各種力量的共同作用下。因此，這一研究，就不再像主流經濟學那樣，在一個隔離起來的真空環境中研究幾個變量之間的關係，而是在一個大背景和大歷史中展開的，它允許各種因素（本質的和非本質的）進入這一舞臺。其不同只在於分析者對本質因素和非本質因素的考察，取決於分析者的抽象能力。

2. 馬克思主義經濟學也是演化經濟學的典範

在馬克思的時代，達爾文主義已經深入人心，馬克思把它作為三大自然科學成就之一。在《資本論》中，馬克思把資本主義經濟看成一個不斷進化的過程，把機器看成類似於生物器官進化的人的有機體，強調了技術的演化特徵以及制度隨著生產力的進步而發生突變的可能性。與演化經濟學不同的是，他在堅持辯證法和唯物史觀的基礎上，把演化看成是一個不斷發生質變和量變的歷史過程，強調了社會形態的突變，而演化經濟學則強調「新事象」的出現，強調遺傳、選擇和變異，在一定程度上忽視了事物發生質變的可能性。當前，演化經濟學的主要發展方向是把經濟系統看成是一個複雜演化系統，從而能夠把複雜性科學的基本思想運用於演化經濟學的研究，這為我們借鑑自然科學的方法來豐富和發展辯證法和唯物史觀提供了

新的科學依據。

3. 馬克思還是一個後現代主義大師

後現代主義對資本主義和工業社會基礎上的理性主義、科學主義和主體性進行了審視和反思，後現代馬克思主義者強調馬克思顛覆了柏拉圖主義並完成了對形而上學的終結，它要求迴歸人的生活世界，將人的實踐活動提高到本體論的意義上來。很多後現代主義者都很重視對馬克思思想的研究，並給予高度評價。例如，後現代主義理論先驅海格德爾認為「馬克思完成了終結形而上學的工作」；德里達認為「沒有對馬克思的『記憶和繼承』，就沒有未來」；福柯指出，「支配法國乃至當代批判思想的三個基本來源是尼采、弗洛伊德和馬克思」，他們各自發揮了「一種根本性的『解中心』的作用，共同開闢了當代解釋學的道路」；杰姆遜認為馬克思「早已為我們確立了對待後現代主義的『恰當立場』，馬克思哲學提供了整體社會的視界」，「是我們當今用以恢復自身與存在關係的認識方式」，「它『讓那些互不相容，似乎缺乏通約性的批評方式各就其位，確認它們局部的正當性，它既消化又保留了它們』，而『其他批評方法的權威性只是來自它們同某個零碎生活的局部原則，或者同迅速增生的複雜上層建築的某個亞系統的一致性』」。①

馬克思用經濟學闡釋了「資本主義持續變革的邏輯」，從資本主義產生初期的現代性中看到了後現代的某些特徵，他肯定了資本主義在科學和生產力上的巨大進步，但是更多的是看到了資本主義存在的問題，這是一個更加富有迷幻色彩的「異化」的世界，人在創造世界歷史的進程中，也創造了一個統治自己的「關係」結構。正像盧梭所說的那樣，「人是生而自由的，卻無時不在枷鎖中」。馬克思的政治經濟學構成了對人類如何經歷資本主義

---

① 楊耕，張立波. 馬克思哲學與後現代主義 [J]. 哲學研究，1998 (9).

的異化過程，走向自由發展和全面解放的一個解說和詮釋。

4. 馬克思是制度經濟學家

制度分析在馬克思的研究中具有最突出的地位，馬克思的整個理論體系都是在闡述人類社會制度變遷的歷史、動力和機制。當前，新制度經濟學研究的許多思想在馬克思主義經濟學中都有過闡釋，例如產權經濟學、交易費用的概念等。不同的是，馬克思主義制度經濟學允許制度性變量和過程性變量相互作用，從而使經濟學各學科的區分模糊起來，因此，在馬克思主義經濟學中，不存在所謂微觀經濟學和宏觀經濟學的劃分，不存在研究制度和研究經濟運行過程的劃分，從而也不存在理論之間的還原問題，因此它天然地就是統一的。

第三章　分配理論的演變史略

　　在經濟學史上，分配問題的理論基礎主要在於兩個方面：一個方面是社會群體的劃分，它構成了一國所創造的國民財富分配的主體，也就是由誰來佔有這些財富，這可以用不同收入水平等級的群體來表示，也可以用生產要素的提供者也就是階級主體來表示。前者在現代經濟學中被稱為「規模性收入分配」，後者被稱為「功能性收入分配」。

　　古典經濟學的分配理論是以社會的階級構成為基礎的，即勞動者通過勞動獲得工資、資本提供者獲得利潤、土地提供者獲得地租。熊彼特在《經濟分析史》中將這種社會學圖景稱為「古典的經濟過程圖式」：「任何經濟過程圖式都必須首先解決容許什麼樣的人物登場的問題，這樣才能預先判定這個圖式的許多特點。演員自然是廠商和家庭而不是社會階級，否則就無所謂競爭了：這對馬克思的理論也是適用的。正如我們所知的，這些演員是這樣分類的，即把憑日常經驗知道的社會集團變成三個經濟類型範疇（或『職能』階級）：地主、勞工和資本家。自然，這只是繼續按照亞當‧斯密所批准的老辦法行事。既然這三個只不過是範疇，每一個都是由一種經濟特徵規定的，這就不難看出，一個人可以屬於兩個範疇（例如，如果他是一個工匠）或屬於全部三個範疇（例如，如果他是耕種自己土地的農民）。正如我們也知道的，馬克思用他的兩個階級的圖式代替

了這種三分法。」①

　　分配問題是與商品的價格相關的。也就是說，商品的價格最終是由工資、利潤和地租構成的（分解成三個組成部分），而工資、利潤和地租是通過勞動者、資本家和土地所有者之間就生產要素進行交換的結果，因此分配問題在資本主義條件下就是一個「自然」的過程。古典經濟學最重要的一個分類就是將整個經濟分為生產、分配、交換和消費四個部分，這個四分法在詹姆斯·穆勒的《政治經濟學要義》中得到了明確的闡釋。在本書的後面，我們將看到馬克思是怎樣批判地繼承這一思想的。

　　在本章中，我們重點闡釋分配理論從古典經濟學到現代經濟學的發展，由此過渡到對馬克思的分配思想的研究。在古典經濟學分配理論中，我們主要研究亞當·斯密、大衛·李嘉圖和薩伊的分配理論，馬克思主義經濟學直接繼承了斯密和李嘉圖的思想和理論；在新古典經濟學中，我們主要分析馬歇爾和克拉克的分配理論。馬歇爾作為新古典經濟學的集大成者，對新古典的分配理論有較為完整的論述，而克拉克的《財富的分配》提出了「邊際生產力」分配理論，構成了新古典分配理論的基礎。

一、亞當·斯密的分配理論

　　亞當·斯密的分配理論主要體現在《國富論》的第一篇，勞動生產力提高的原因以及「勞動的生產物按照什麼順序自然

---

　　① 約瑟夫·熊彼特. 經濟分析史：第2卷 [M]. 楊敬年，譯. 北京：商務印書館：1996：271-272.

而然地分配給社會上各階級」①,是這一篇研究的主題。可以說,斯密是將分配問題作為《國富論》的最重要的問題進行論述的,這一思想直接被大衛·李嘉圖繼承了。

斯密認為一個社會的勞動生產力增進的原因在於分工的發展,而分工則源於「人類要求相互交換的傾向」。這種傾向是人類所特有的,因此,分工對於社會利益的增進不是「人類智慧的結果」,而是這種「不以這廣大效用為目標的一種人類傾向所緩慢而逐漸造成的結果」②。由此,斯密進一步得出推論:既然分工起因於交換,那麼分工的發展和程度會受到交換能力的限制,也就是說市場範圍對分工有限制(斯密定理),凡是市場範圍大的地方,例如大都市人口密集、由水運所開拓的市場,都會引起分工的發展,而農業中由於市場範圍小,分工不發展,因此農業相對於手工業就長期處於落後狀態。

既然交換是決定性的因素,那麼以貨幣交換貨物或者以貨物交換貨物遵循什麼樣的法則呢?斯密認為商品的相對價值或交換價值就是由這些法則決定的,所以探討支配商品交換價值的原則就成為經濟學的一個核心問題。這個問題可以分為三點:一是什麼構成商品的真實價格,也就是說商品的交換價值的真實尺度是什麼。對這個問題的解答,形成了斯密的勞動價值論。「勞動是衡量一切商品交換價值的真實尺度,任何一個物品的真實價格,即要取得這物品實際上所付出的代價,乃是獲得它的辛苦和麻煩……勞動是第一性價格,是最初用以購買一切貨物的代價。世間一切財富,原來都是用勞動購買而不是用金銀購買的……等量勞動,無論在什麼時候和什麼地方,對於勞動者

---

① 亞當·斯密. 國民財富的性質和原因的研究:第1卷 [M]. 郭大力,王亞南,譯. 北京:商務印書館,2003:2.

② 亞當·斯密. 國民財富的性質和原因的研究:第1卷 [M]. 郭大力,王亞南,譯. 北京:商務印書館,2003:13.

都可以說有同等的價值。如果勞動者都具有一般的精力和熟練與技巧程度，那麼在勞動時，就必然犧牲等量的安樂、自由與幸福……只有勞動才是價值的普遍尺度和正確尺度，換言之，只有用勞動作為標準，才能在一切時代和一切地方比較各種商品的價值。」①斯密的這些論述，儘管在邏輯上並非完全一致的，但是他提出了勞動價值論的基本思想，這一思想在大衛·李嘉圖那裡得到了系統的闡釋，而在馬克思那裡則形成了一個完整的邏輯一貫的理論體系。

既然勞動是衡量交換價值的最後的標準，那麼勞動就構成了商品的真實價值，而用一個商品所購得的另一種商品量，或者用貨幣量來衡量的商品的交換價值，就構成了商品的名義價格。斯密似乎認為這三種不同的尺度實際上是等價的，也就是說勞動作為真實尺度是內在的、本質的、抽象的，而一物交換另一物或者一物與貨幣相交換，卻是現實的和表現出來的。以物易物或物與貨幣相交換的市場過程，「不是按任何準確尺度來做調整，而是通過市場上議價來做大體上兩不相虧的調整」。因此，斯密認為所謂真實價格只是一個「抽象的概念」，而貨幣價格才是「可以看得到和接觸得到的物體」，「抽象概念，縱然能使人充分理解，也不像具體物那樣明顯、那樣自然。」②

第二個問題是商品的真實價格是由什麼構成的。斯密分三種情況來考慮這個問題：在資本累積和土地私有還沒有產生的初期野蠻社會，生產商品耗費的勞動量是商品交換比例的唯一標準；在資本累積的社會中，勞動者對原材料增加的價值，一部分支付工資，一部分支付雇主的利潤；在土地私有條件下，

---

① 亞當·斯密. 國民財富的性質和原因的研究：第1卷 [M]. 郭大力，王亞南，譯. 北京：商務印書館，2003：26-27，29，32.
② 亞當·斯密. 國民財富的性質和原因的研究：第1卷 [M]. 郭大力，王亞南，譯. 北京：商務印書館，2003：27-28.

商品的價格還包含了使用土地產品而支付的地租。因此，商品的真實價格是由工資、利潤和地租構成的。這三部分正好是依據社會階級結構進行的劃分。在重農學派和配第的經濟學中，由於資本主義社會結構發展尚未成熟，他們關於財富的含義以及財富的分配均沒有達到亞當·斯密這樣的高度。

既然一國全部勞動的產物的總的價格按照勞動工資、資本利潤和土地地租在國內不同居民間分配，那麼這三部分中每一部分的數量都要依據工資、利潤和地租的大小而決定。斯密認為，在一定時期，工資、利潤和地租都有一個普通率或平均率，這普通率「部分受社會的一般情況，即貧富、進步退步或停滯狀況的支配，部分受各種用途的特殊性質的支配」[1]。與普通率相對應的商品價格，或者說工資自然率、利潤自然率和地租自然率所構成的商品的價格，就是商品的「自然價格」。願意支付自然價格購買商品的人被稱為有效需求者，他們的需求被稱為有效需求。商品的實際交易的價格稱為「市場價格」。商品的實際供給量高於有效需求，則市場價格低於自然價格；商品的實際供給量低於有效需求時，則市場價格高於自然價格；商品的實際供給量等於有效需求時，市場價格與自然價格相等。除各種特殊情況如壟斷使市場價格長期偏離自然價格以外，商品的市場價格總是圍繞自然價格波動的，「自然價格可以說是中心價格，一切商品價格都不斷受其吸引」[2]。

進一步地，斯密分析了決定工資、利潤、地租的自然率變動的原因，也就是說，社會的貧富、進步退步或停滯的變動會怎樣引起自然價格各個部分的變動。

---

[1] 亞當·斯密. 國民財富的性質和原因的研究：第1卷 [M]. 郭大力, 王亞南, 譯. 北京：商務印書館, 2003：49.

[2] 亞當·斯密. 國民財富的性質和原因的研究：第1卷 [M]. 郭大力, 王亞南, 譯. 北京：商務印書館, 2003：52.

(一) 勞動工資

在土地尚未私有以及資本沒有累積的原始狀態下，勞動者獲取其全部生產物。在土地私有和資本累積確立之後，勞動者的全部生產物除要扣除地租之外，還要扣除利潤。因此，勞動者的普通工資取決於勞資雙方的契約。儘管在爭議中，雇主一方處於優勢地位，但是勞動工資卻有一個最低的標準，這個標準要滿足維持勞動力再生產以及養育後代的需要，這是符合「一般人標準的最低工資」。

但是，斯密認為當一國處於進步狀態時，對勞動者的需求隨著國民收入的增加和資本的增加而增加，勞動者的工資能夠大大高於最低工資水平。「使勞動工資增高的，不是龐大的現有國民財富，而是不斷增加的國民財富，因此最高的勞動工資不是在最富的國家出現，而是在最繁榮即最快變得富裕的國家出現。」相反地，「一國儘管非常富有，如若長久陷於停滯狀態，我們就不能希望在那裡找到極高的工資。」而在「指定用來維持勞動的資金顯著減少的社會裡」，「職業的競爭變得非常劇烈，以致把勞動工資減低到極悲慘極貧困的生活水平」。[①]

對勞動的需求決定著勞動者的工資，而工資的變動又決定著勞動人口的增減。工資水平增加時，勞動者可以生育更多的子女，勞動人口隨之增加。但是當勞動人口的供給超過一定的水平後，勞動供給大於勞動需求，工資水平就會下降到應有的程度。「像對其他商品的需求必然支配其他商品的生產一樣，對人口的需求也必然支配人口的生產。生產過於遲緩，則加以促

---

① 亞當·斯密. 國民財富的性質和原因的研究: 第1卷 [M]. 郭大力, 王亞南, 譯. 北京: 商務印書館, 2003: 63-66.

進；生產過於迅速，則加以抑制。」① 這一原理，即資本累積速度決定工資水平和勞動力增減，在李嘉圖和馬克思的理論中得到了進一步的發展。

另外，斯密還提到勞動的貨幣價格的變動。勞動的貨幣價格不僅取決於對勞動的需求，而且取決於生活必需品和便利品的價格。

（二）資本利潤

資本利潤的增減也同樣取決於社會財富的增減。資本增加，傾向於提高勞動報酬、降低利潤。因為同一行業資本的增多，增強了相互之間的競爭，傾向於減低行業的利潤。同樣地，社會中不同行業資本的增加，也加劇了行業間的競爭，進而降低社會的利潤水平。而資本的減少，則傾向於降低勞動報酬、提高利潤和貨幣利息，一方面勞動工資的下降使生產貨品所需費用減少，另一方面生產貨品所用資本的減少使貨品能以更高的價格出售。

斯密認為，當一國的財富達到自然和社會因素所允許的最高限度時，用於維持產業的資本達到各行業的性質和範圍所需要的程度，那麼競爭將達到飽和狀態，普通利潤就處於最低水平，而這種利潤所負擔的利息率也將降低。最高的普通利潤率取決於這樣的條件，即商品價格中支付地租的部分全部進入利潤，同時勞動工資處於生存工資水平。財富迅速累積的國家，能夠以較低的利潤水平彌補較高的工資水平，從而使商品的價格保持在與落後國家較高利潤率、較低工資率相同的水平，因而斯密認為商品價格的作用要遠大於工資抬高價格的作用。

---

① 亞當·斯密. 國民財富的性質和原因的研究：第1卷 [M]. 郭大力，王亞南，譯. 北京：商務印書館，2003：74.

斯密還進一步分析了工資和利潤隨勞動和資本的用途不同而不同的現象。按照一般的規律，在同一個地方，不同勞動和資本的所得有趨向相等的趨勢，如果不相等，資本和勞動就會流向收益比較高的地區，從而拉平價差。但是，在具體的情況下，資本和勞動的所得常常是不同的，斯密詳細分析了引起這種差異的原因：一是由於投入資本和勞動的行業的性質本身的不同而引起的。例如，不同行業的尊卑、污潔不同，掌握不同行業的學習成本的不同，各種職業工作安定不安定的不同，勞動過程中需承擔的責任不同，成功的可能性不同，都會引起勞動工資或資本利潤的差異。二是由於政策對於各產業自由發展的限製造成的。政策可能引起一些行業競爭不足，也可能引起一些行業競爭過度，還可能使勞動和資本的自由流動受到限制，這些結果都會造成勞動工資和資本利潤的差異。斯密認為這是引起資本和勞動所得不同的主要原因。

（三）土地地租

地租是租地人向土地所有者支付的價格。土地的生產物除了補償租地人支付的工資和生產資料的價格之外，剩餘的部分為租地人和土地所有者所得，租地人要獲得普通利潤，扣除普通利潤的部分的數額即土地所有者的「自然地租」。土地能否提供地租，要視土地生產物補償墊付的資本、扣除普通利潤後能否有剩餘，這又取決於土地生產物的價格是否大於這兩部分之和。而價格是否超過這個限度，取決於需求。因此，有些土地生產物的需求使得其售賣價格總是大於原費，總能提供地租；有些生產物的價格有時高於原費，有時低於原費，有時能夠提供地租，有時不能提供地租。土地地租成為價格的組成方式與工資和利潤不同，工資和利潤的高低是價格高低的原因，而地租卻是價格高低的結果。

總能提供地租的土地，是那些滿足人們必須的食物需要的土地。這些土地所提供的地租隨著土地的肥沃程度、位置的遠近以及改良的進展而不同。斯密認為，改良的土地的地租和利潤支配未改良的土地地租和利潤，而改良的土地地租又取決於生產人類糧食的土地的地租。任何特殊生產物的地租若低於糧食生產物的地租，用不了多久用於特殊生產物的土地就會改為生產糧食；若一種生產物的地租少於糧食生產物的地租，這說明用於生產該種生產物的土地過少，不能滿足其有效需求。

　　土地的改良和耕作的改進，即生產食物的勞動生產力的增進，使人們對住宅和衣物的需求增加，土地的其他生產物能否提供地租視這些需求增加的程度而定。在臨界狀態下，土地的其他生產物僅夠補償所費、提供普通利潤，這時該種生產物只能夠由土地所有者自己經營。當土地生產物的所值小於臨界值時，該種土地不能夠提供地租；當土地生產物的所值大於臨界值時，才能夠為土地所有者提供地租。隨著食物的勞動生產力的增進，必然會增加對其他土地生產物的需求，地租的數量將增加，有時能夠提供有時不能夠提供地租的土地生產物的價值相對於總能提供地租的生產物的價值將不斷增長。

　　斯密還進一步分析了社會進步對三種原生產物和製造品真實價格的影響。第一種原生產物不能隨人類勞力的增加而增加，其真實價格隨財富的增加和技術的進步而不斷上漲；第二種原生產物能適應需求而增加，其真實價格能夠上漲，但能夠保持一定的限度；第三種原生產物能否隨需要而增加是不確定的，其價格變動要視偶然情況和人類勞動的實效而定。對於製造品而言，改良的進展將逐漸降低一切製造品的真實價格。

　　所以，斯密得出結論：社會進步傾向於使土地的地租上升，使土地所有者的真實財富增大。土地改良和耕作使食物以外的原生產物的真實價格提高，這將進一步使土地得到改良、耕作

得到擴大，不斷地使土地所有者所得的真實價值增加；勞動生產力的增進，使製造品的價格降低，土地原生產物能夠交換更多的製造品，這也直接地提高了土地所有者的真實地租；而社會財富的增加，使能夠雇傭的有用勞動增加，從而間接地提高了土地地租。反之，與上述情況相反的狀態，則傾向於降低土地地租。

　　在分析了勞動工資、資本利潤和土地地租之後，斯密闡述了分配論的核心觀點：「一國土地和勞動的全部年產物，或者說，年產物的全部價格，自然分解為土地地租、勞動工資和資本利潤三部分。這三部分，構成三個階級人民的收入，即以地租為生、以工資為生和以利潤為生這三種人的收入。此三階級構成文明社會的三大主要和基本階級。一切其他階級的收入，歸根到底，都來自這三大階級的收入。」① 根據分析，地主階級的利益與社會利益是一致的，社會進步使地主獲得的真實地租增加；勞動者階級的利益在社會進步時隨對勞動需求的增加而增加，在社會財富保持穩定時，勞動者的收入降低到生存工資的水平，在社會衰退時，收入降低到生存工資水平以下；與地租和工資在社會進步時提高、在社會衰退時降低不同，雇主階級的利益與社會利益相反，利潤率在富裕的國家低，在貧窮的國家高，而在趨於衰落的國家最高。

二、大衛・李嘉圖的分配理論

　　在《政治經濟學及賦稅原理》的序言中，大衛・李嘉圖首

---

　　① 亞當・斯密. 國民財富的性質和原因的研究：第 1 卷 [M]. 郭大力，王亞南，譯. 北京：商務印書館，2003：240-244.

先闡釋了分配問題在政治經濟學中的地位：「土地產品——所有通過勞動、機械和資本的聯合使用從地面上所得到的一切——要在土地所有者、耕種所必需的牲畜或資本的擁有者和進行耕種的勞動者這三個社會階級之間進行分配。但在不同的社會階段，以地租、利潤和工資名義分配給各階級的全部土地產品之比例是極不相同的……確定支配這種分配的法則是政治經濟學的首要問題。」[1] 李嘉圖的分配理論對斯密的經濟學理論進行了發展和改造，同時也形成了馬克思主義經濟學理論的構造基礎，因此，就像德國古典哲學中康德與黑格爾的關係一樣，李嘉圖與馬克思在理論演進上形成了一種創造性發展和批判性繼承的關係。李嘉圖經濟學採用的方法是演繹的方法，而馬克思採用的是辯證的方法，馬克思通過對李嘉圖經濟學辯證地改造，使古典經濟學達到了一個新的高度。

李嘉圖的分配理論首先是對地租、工資和利潤的考察，但是在這種研究之後，李嘉圖認為不能不補充關於價值和價格的理論，因此，《政治經濟學及賦稅原理》的第一章「論價值」是後來補充上去的。在這一部分中，李嘉圖對斯密的勞動價值論進行了規範、改造和發展，形成了一個完整的演繹體系。

假定勞動的性質相同，生產中沒有資本累積，不存在地租，那麼一種商品交換另一種商品的量決定於生產所必需的相對勞動量。李嘉圖認為，一種商品的交換價值主要有兩個源泉，一個是商品的稀少性，另一個是獲得商品的勞動量。例如古董的價值完全取決於需求，不能通過供給增加而使其價格降低，而小麥的價值卻是由生產小麥所耗費的勞動決定的，當需求增加時，供給也能隨之增加。由於現實生活中，絕大多數商品的價

---

[1] 大衛·李嘉圖. 政治經濟學及賦稅原理 [M]. 周潔, 譯. 北京：華夏出版社, 2005：序.

值都是由相對勞動量決定的，因此，在經濟學研究中考慮的主要是這些商品的價值決定。這是李嘉圖的觀點。實際上，在稀缺性問題上，李嘉圖的這種論證並不完美。一種商品越是稀缺，就說明獲取這種商品所需要支出的勞動量越大，因此其表現出來的交換價值越大。當一種商品完全不能由新的勞動提供時，就表明要獲取這種商品所需支付的勞動無窮大，而這並不與勞動價值論矛盾，稀缺性完全能夠在勞動價值論的理論框架中得到解釋。

在前面的分析中，沒有考慮勞動的相對熟練程度和不同的勞動強度，李嘉圖認為當這些不同存在時，勞動的估價會在市場上得到調整，從而在一定時期內形成固定的尺度。不同性質的勞動的變化主要是一個長期的過程，短期內對商品相對價值的影響並不大。

進一步考慮生產過程中需加入的協助勞動的器具、工具和工場建築上的勞動，那麼商品的交換價值就不僅取決於直接投入的勞動，而且取決於投在勞動過程中所使用的器具和機器上的間接勞動。商品生產所需要的直接勞動和間接勞動的總和決定了商品的相對價值。不管是一種商品的直接勞動的節約，還是間接勞動的節約，都會使商品的相對價值下降。假如兩種商品投入的直接勞動和間接勞動不變，而對工人支付的勞動工資變化了，這不會影響兩種商品的相對價值，因為決定商品相對價值的不是工資和利潤的分割比例，而是生產中所投入的勞動量的多少。如果用不變的價值標準來表示商品的價格，那麼隨著生產所需的勞動量的增加，商品的價格就上漲；隨著生產所需的勞動量的減少，商品的價格就下降。勞動工資的變動對商品貨幣價值的變動沒有影響。

生產中所投入的工具、材料等間接勞動的產物可以分為固定資本和流動資本。進一步放鬆假定，當等量資本中固定資本

與流動資本的比例不同時，相對價值會由於勞動價值的變化而發生變化。假定生產中投入的資本總量相同，生產中所使用的固定資本比例較高的商品相對於使用流動資本比例較高的商品而言，當勞動價值上漲時，其相對價值跌落，固定資本的比例越大，相對價值跌落的幅度越大。因此，在這裡，李嘉圖又引入了另外的引起商品相對價值變動的因素，即固定資本和流動資本的比例。所謂流動資本也就是用於維持勞動者生活的資本。但是，李嘉圖認為，這個因素在決定商品相對價值的比例時只是一個相對次要的因素，商品相對價值的主要決定因素是生產中所必需的勞動量的增減，這是商品相對價值變動的主要原因。另外，還有一種引起相對價值變動的原因，即商品運送到市場上的時間的不同。用相同的資本雇傭等量的勞動分兩年投入生產與用一年投入生產相比，其售價較高，這是因為前者必須考慮頭一年中的利潤累積。

除了固定資本與流動資本比例不同之外，價值不隨工資漲落的原理還會由於固定資本的耐久性不同而有所變化。假定固定資本與流動資本比例相等，與比例不同相類似，固定資本的耐久性越差，就越接近於流動資本，在生產中轉移到商品中去的勞動就越多，維持其原有的生產就需要投入更多的勞動。因此，當工資上漲時，就會使耐久性較弱的資本所生產的商品的相對價值提高，而耐久性較強的資本所生產的商品的相對價值就降低。反之則反。

要確定相對價值變動究竟是哪種商品引起的，需要一種不變的價值標準。李嘉圖進一步分析了用於估計價格和價值的媒介即貨幣的價值變動的影響。他認為，貨幣價值的變動對工資、利潤和地租產生普遍的影響，而不會改變它們之間的相對比例，因此在分析中一般假定貨幣的價值是不變的，一切價格的變動都是由於「要討論的商品的價值的某種變動所引起的」，「當我

們判斷地租、利潤和工資的漲落時，所根據的是某一農場的全部土地產品在地主、資本家和勞動者三個階級之間的分配情況，而不是這種產品按公認為可變的媒介計算的價值。」[1]

(一) 地租

「地租是指為了使用土地原有和不可摧毀的能力而付給地主的報酬」[2]，這種報酬取決於需求的增長和土地的稀缺性。人口增長和經濟進步引起食物的價格上漲，使次等的土地投入耕種，頭等土地由於較高的肥力和較好的位置而獲得的超過次等土地的產品數量的差額，就成為地租。隨著三等土地投入使用，二等土地也能獲得地租，因此，地租的數量取決於不同土地上生產力的差異。李嘉圖還分析了由於在土地上的資本投入的不同而引起的地租。在較差的土地依次投入耕種以前，在同一等土地上，人們也可以投入更多的資本來擴大生產量。隨著在相同的土地上所追加的資本量的增加，每一份追加的資本的產量不斷減少，這種報酬的差額就構成由於資本投入不同而引起的地租。在此過程中，最後使用的資本獲得平均利潤，而不支付地租。

李嘉圖認為，在工業生產中也和農業生產中一樣，決定商品交換價值的也是在最為不利生產條件下所需要投入的較大的勞動量。在人口增長和社會發展過程中，農產品生產的最後一部分所需要的勞動是越來越大的，因此農產品的相對價值有不斷上升的趨勢，從而工業生產和農業生產的勞動工資會上升。

---

[1] 大衛·李嘉圖. 政治經濟學及賦稅原理 [M]. 郭大力, 王亞南, 譯. 北京: 商務印書館, 1981: 37, 39.
[2] 大衛·李嘉圖. 政治經濟學及賦稅原理 [M]. 郭大力, 王亞南, 譯. 北京: 商務印書館, 1981: 56.

(二) 工資

根據斯密提出的自然價格和市場價格的原理，李嘉圖提出了勞動的自然價格和市場價格的概念。勞動的自然價格是維持勞動者生存以及用於贍養後代所必須支付的價格；勞動的市場價格是根據勞動的供求關係所實際決定的價格。勞動的市場價格具有符合自然價格的傾向。依據地租的分析，李嘉圖認為土地的稀缺性的增加越來越使更加劣等的土地投入使用，獲取農產品的勞動量越來越大，價格有不斷上漲的趨勢，因此，勞動的自然價格也就總有上漲的趨勢。而其他商品在財富和人口發展時有不斷下降的趨勢。在不同的國家和地區，勞動的自然價格也有很大的差異，這一點大致取決於人民的風俗習慣。

勞動的市場價格取決於用於生產的資本的數量。當社會的資本的數量增加時，勞動的市場價格就會上升，但是這種上升的持久性要取決於勞動的自然價格是否上漲，而勞動的自然價格又取決於用工資購買的必需品的自然價格。假定貨幣的價值不變，勞動者的勞動工資的大小取決於勞動者的供求和用勞動工資購買的商品的價格。當人口的增加不能滿足資本增加的需要時，工資上升；當人口增長大於資本增加時，工資下降。同時，地租提高的原因（用越來越多的勞動生產農產品）也同樣提高工資水平，因為勞動者必需的生活資料的價格在上漲，所以，「如果貨幣價值不變，地租和工資在財富和人口增加時都有上漲的趨勢」[1]。

---

[1] 大衛·李嘉圖. 政治經濟學及賦稅原理 [M]. 郭大力，王亞南，譯. 北京：商務印書館，1981：85.

(三) 利潤

在分析地租時，李嘉圖認為決定穀物價格的是不用支付地租的資本生產穀物所需的勞動量，這些資本只提供利潤和工資。同樣，這個原理也適用於工業製造品。如果穀物和工業製造品按同一價格出售，那麼利潤與工資就呈反比關係；如果穀物由於更加劣等的土地投入使用而價格不斷上漲，那麼維持勞動者生活資料所需要的工資水平就要不斷上漲，整個社會的利潤率就會下降。也就是說，「利潤取決於工資的高或低，工資取決於必需品的價格，而必需品的價格又主要取決於食物的價格」，「在任何國家和任何時期中，利潤都取決於在不支付地租的土地上或用不支付地租的資本為勞動者提供各種必需品所必需的勞動量」①。

隨著一般利潤率的下降，累積的動機就越來越小，當利潤率下降到一定程度時，累積就會完全終止。與這種一般趨勢相反的作用力在於科學的發展和技術的改進所帶來的勞動生產力的提高，降低了勞動者必需品的價格，阻止了利潤率下降對累積的影響。

三、薩伊的分配理論

薩伊是與李嘉圖同時代的經濟學家，薩伊經濟學走向了另外一個方向，他的思想奠定了新古典經濟學和現代經濟學的基礎。效用價值論以及三要素創造價值的理論在後來的經濟學中

---

① 大衛·李嘉圖. 政治經濟學及賦稅原理 [M]. 郭大力，王亞南，譯. 北京：商務印書館，1981：10，106.

得到了廣泛的發展。同時，薩伊也是首次將政治經濟學劃分為生產、分配和消費三個部分的人，這在經濟學說史上是具有首創性的。由於立場的不同，馬克思對薩伊的理論進行了深刻的批判性研究。所以，在思想史上，自亞當·斯密以後，政治經濟學就已經走向了三個不同的方向：一個是大衛·李嘉圖以勞動價值論為基礎的發展，在馬克思主義經濟學中達到完善的程度；另一個是薩伊的以效用價值論和三要素創造價值為基礎的理論，該理論在邊際效用和新古典經濟學中得到發展；第三個是馬爾薩斯和西斯蒙第關於有效需求不足的研究，它們形成了後來的宏觀經濟學的基本思想。鑒於薩伊在經濟思想史上的重要性，我們對他的分配理論進行一般性論述，並與李嘉圖的分配論進行比較。

像斯密一樣，薩伊也是從價值理論開始研究分配問題的。在論述人的勞動借助資本和自然力創造成為價值來源的效用以後，薩伊從生產領域進入分配領域。他認為，商品的效用構成商品價值的基礎，對商品的價值的量的計量是通過「市價」來表現的：「一件物品價值的唯一標準，是這物品主人在割讓時能夠很容易換取的其他一般物品的數量，這在商業行為上和一切以貨幣估定價值的行為上叫做市價。」① 那麼，市價與價值是什麼關係呢？在對財富的生產的論證中，薩伊將效用定義為「滿足人類需要的內在力量」，主張生產的不是物質而是效用，「價格是測量物品的價值的尺度，而物品的價值又是測量物品的效用的尺度」②。

並不是所有的物品都有價值，只有社會財富才是人們估價

---

① 薩伊. 政治經濟學概論 [M]. 陳福生，陳振驊，譯. 北京：商務印書館，1982：319.
② 薩伊. 政治經濟學概論 [M]. 陳福生，陳振驊，譯. 北京：商務印書館，1982：60.

的對象，因而具有價值，大自然提供的天然財富（空氣、水等）是無償的因而是沒有價值的。社會財富之所以有價值，是因為生產社會財富要付出生產力方面的努力，交換實際上是雙方所做的生產上的努力、生產性服務的交換。對社會財富而言，物品的價值是針對人的需要而言的，它的基礎就是物品能夠給人提供的效用，而生產該物品的生產力的價值是從屬於物品的價值的，「所以使生產力有價值的，乃是創造那需要所賴以產生效用的能力」[1]。在這裡，生產力的價值構成生產費用，而物品的價值是立足於需要和效用的，所以生產費用和效用的關係就構成了對物品的供給和需求兩個方面的對等聯繫。

對需求而言，它受到需求者自身以等值產品購買該物品的能力的限制。物品的效用不變，而生產該物品的生產性努力減少，或者同樣的生產性努力能夠生產更多的物品，則物品價格降低，人們對該物品就有較大的需求，反之需求就減少；對供給而言，如果物品的價格不變，而生產費用增加，物品就可能停止生產，因此在市價上漲時供給就增加，在市價下降時供給就減少。比較需求和供給，結論就是：供給和需求都受到價格的限制，「需求和供給是天平秤杆的兩個相反極端，從秤杆下垂著貴與廉這兩個天平盤；價格是平衡點，在這一點上，一邊的動力停止作用，另一邊的動力就開始作用」，「在一定時間和地點，一種貨物的價格，隨著需求的增加與供給的減少而成比例地上升；反過來也是一樣。換句話說，物價的上升和需求成正比，但和供給成反比」[2]。

薩伊的價值理論概括起來就是：效用是價值的基礎，價格

---

[1] 薩伊. 政治經濟學概論 [M]. 陳福生，陳振驊，譯. 北京：商務印書館，1982：322.

[2] 薩伊. 政治經濟學概論 [M]. 陳福生，陳振驊，譯. 北京：商務印書館，1982：327-328.

是以貨幣估定的市值，價格取決於供給和需求，而供給和需求又受到價格（生產費用）的限制。在這裡，似乎效用決定論、供求決定論和生產費用決定論是同時存在的，薩伊並沒有覺得這幾個命題的內在一致性有問題。在其他的論述中，薩伊將生產費用等同於斯密的「自然價格」，而認為市價和生產費用的差異是由於生產方法和生產工具的改善導致的，在充分競爭的情況下，薩伊似乎將市價等同於生產費用，由此將生產費用作為對供給和需求的「普遍性與永久性限制」。

在論證財富的生產時，薩伊認為產品是由勞動、資本和自然力共同創造出來的，三者在產品的生產過程中都提供了「生產性服務」，所以這樣創造出來的產品的價值就構成擁有勞動、資本和自然力的人的收入，對收入的要求權是生產手段所有權的結果。而這些生產來源或生產手段的價值，是基於它們所創造的產品的價值的，而產品的價值起源於產品能夠滿足人們的需要而提供的效用。生產手段的市值，同產品的市值一樣，取決於供求。薩伊把收入的本質看成是生產性服務和產品相交換的結果，進而認為「每一個人所掌握的產品數量越多，他的實際收入就越多。這個實際收入，或是他的生產手段的直接結果，或是他的收入從原始形式轉變的結果。他的收入可能經過幾個變化才具有最後的形式，即他的消費品的形式。上述數量或它所固有的效用的比率，只能從交易上的市價來估定。在這個意義上，一個人的收入，等於他從生產手段所得到的價值。但是，他所耗用的消費品越便宜，這個價值就越大，因為這樣他就掌握了更多的他自己產品以外的其他產品」[1]。

由此，薩伊闡述了社會產品的分配方式：所創造的價值分

---

[1] 薩伊. 政治經濟學概論 [M]. 陳福生，陳振驊，譯. 北京：商務印書館，1982：334.

配給地主的部分叫做土地的利潤；分配給資本家即墊款者的部分叫做資本的利潤；分配給工匠或工人的部分，叫勞動的利潤。「每一個階級都從所生產的總價值得到自己的一份，而這份就是這個階級的收入⋯⋯所協同生產的總價值中不歸生產者所有的部分，即歸其他生產者所有。」①

（一）勞動的收入

薩伊首先研究了一般勞動的利潤。在不同的情況和不同生產部門，勞動的利潤率不同。這取決於資本的充裕程度。充足的資本能夠引起大量的勞動力需求以及工作性質的不同。後者主要包括三種情況：「第一，工作的危險、困難或疲勞的程度，愉快或不愉快的程度；第二，工作的定期性或不定期性；第三，所需要的技巧和才干的程度。」

在論證一般勞動收入之後，薩伊進一步論證科學家的利潤，老板、經理或冒險家的利潤以及勞工的利潤。之所以分別論證這三種不同的利潤，是因為薩伊認為生產產品的勞動包括三個方面：研究產品的規律和自然趨勢，這是哲學家或科學家的勞動；把研究的知識運用於一個有用的目的和產品，這是老板、經理和冒險家的勞動；在前面兩個環節之後從事執行和操作的勞動，這是工人的工作。科學家的勞動對社會的貢獻很大，但是他自己得到的只是全部收入的很小一部分，因此國家會給科學家以獎賞來進行補償。

老板、經理和冒險家的勞動的價格，也是由對於這種勞動的供給和需求決定的。由於冒險家通常需要自己提供企業所需的資金以及需要不容易取得的品質（判斷力、堅毅、常識和專

---

① 薩伊. 政治經濟學概論 [M]. 陳福生，陳振驊，譯. 北京：商務印書館，1982：356-357.

業知識等），因而這種高級勞動的供給是有限的，所以這種勞動通常能夠獲得較高的收入。勞工所從事的是簡單勞動，因此，勞工的利潤通常不會超過絕對必需的生活費用，這種勞動只提供維持生存的手段。因為，當勞工的供給大於需求時，工資不夠維持生活以及撫養子女，勞動供給就會減少，對勞工的需要將超過供給量，工資將增加，一直到工資水平正好能夠維持工人生存並能夠養活後代為止。

(二) 資本的收入

資本的收入是資本所有者將資本自己使用或者借給別人使用進而在生產中提供服務而獲得的報酬。若資本所有者自己使用，他獲得資本的利潤以及使用資本的勞動的利潤；若資本所有者將資本借出，他獲得資本使用者所付的利息，而將使用資本所獲得的利潤讓給借款人。資本的利潤是對資本在生產中提供的生產性服務的報酬。利潤的大小取決於使用資本的供求關係。

利息是借用資本所獲得的租金。利息的大小取決於借貸資本的供求：「出借的或借用的物品，不是特殊貨物或特殊商品，而是價值的一部分，就是可做這樣使用的資本的總價值的一部分；各時候和各地方使用這部分資本所給付的利息，依存於借貸資本的需求與供給的比例，完全不依存於出借貨物的特殊形式或性質，不論該貨物是貨幣或是任何其他物品。」[1]

由於這種借貸關係存在著較大的風險，所以貸出資本的人除了要獲得利息之外，還要獲得「具有保險費性質的附加利息」作為對風險的補償，借貸的風險越大，在利息中保險費的比例

---

[1] 薩伊. 政治經濟學概論 [M]. 陳福生，陳振驊，譯. 北京：商務印書館，1982：400.

就越大。另外在影響利息率的各種因素中，還包括借貸的期限。

(三) 土地的收入

土地產生的利潤是土地為生產提供生產性服務的報酬。土地的生產力之所以有價值，是由於土地的產品成為需求的對象。土地的利潤是由於對於土地的產品的需求增加的緣故。「土地的生產力具有價值，這價值像一般價值那樣，隨著需求的增加而增加，並隨著供給的增加而減少；由於土地在性質上有所不同，正如在地點和位置上那樣，所以對於每一特殊性質都有特殊的需求與供給。」①

當農場主租借土地時，土地的生產力所提供的生產性服務的報酬歸地主所有，農場主獲得提供資本的利潤、使用資本的勞動的利潤，並支付勞動的工資。地租一般按照土地產生的利潤的最高比率支付，因為地主一般具有更優勢的地位。

四、新古典分配理論

亞當·斯密所提供的關於財富分配的基本框架，在李嘉圖和薩伊那裡發展出兩種不同的分配理論，這兩種分配理論在以後的發展中分別演化出馬克思的分配理論以及新古典的分配理論。新古典的分配理論繼承薩伊經濟學的基本思想，主要代表人物是馬歇爾和克拉克。馬歇爾的分配理論是以均衡價格理論為基礎的，其核心思想是分配份額的大小取決於生產要素的均衡價格；克拉克提出了邊際生產力分配理論。

---

① 薩伊. 政治經濟學概論 [M]. 陳福生，陳振驊，譯. 北京：商務印書館，1982：410-411.

(一) 馬歇爾的分配理論

馬歇爾的分配理論是均衡價格理論的具體應用。馬歇爾認為價值即交換價值，「是在當時當地能夠得到的並能與第一樣東西交換的第二樣東西的數量」，用貨幣來表示的價值就是物品的價格。這個價格取決於需求和供給力量的均衡。「當供求均衡時，可以將一個單位時間內生產的商品量叫做均衡產品，其售價可以叫做均衡價格。」[1]

在均衡分析的框架裡，馬歇爾將需求與邊際效用聯繫起來，將供給與邊際生產費用聯繫起來，從而使效用、生產費用通過均衡關係而成為決定價格的因素。馬歇爾認為生產要素包括勞動、資本、土地和企業組織。它們的供給和需求決定了它們的均衡價格，這種均衡價格分別為工資、利息、地租和利潤，形成了各生產要素所有者的收入。

各種生產要素的需求價格是企業家從事生產進行購買時願意支付的價格，取決於各個生產要素的邊際生產力，也就是增加一種生產要素的供給所帶來的增加的產量。各生產要素的供給價格是生產要素所有者提供要素願意接受的價格，由生產要素的邊際生產費用決定。

工資是對勞動的報酬，是勞動的需求價格和供給價格均衡的結果。勞動的需求價格是由勞動的邊際生產力決定的，也就是增加單位勞動所帶來的邊際產量。勞動的供給價格決定於勞動的維持費用，包括維持生存、勞動訓練、撫養家庭的費用，是工人出賣勞動時願意接受的價格。

利息是資本的價格，是資本的需求價格和供給價格均衡的

---

[1] 馬歇爾. 經濟學原理 [M]. 廉運杰，譯. 北京：華夏出版社，2005：51，286

結果。資本的需求價格是由資本的邊際生產力決定的，也就是企業家增加單位資本投資所帶來的邊際產量。資本的供給價格是資本家的期待和節欲決定的，是資本家期待的報酬。

利潤是企業家組織管理能力的報酬。企業組織的需求價格取決於它的邊際生產力，也就是企業家合理地組織各種生產要素進行生產所得的全部純收入，即企業的全部收入扣除工資、利息、地租之後剩下的部分作為衡量企業家能力的邊際生產力的尺度。企業組織的供給價格取決於企業家能力的邊際生產費用，即企業家生活和專門教育、訓練的費用。

地租是土地的報酬，它的供給是不需要費用的，因此它的價格取決於它的需求，是由土地的邊際生產力決定的。也就是說，對土地連續地投入資本和勞動，土地的邊際生產力是遞減的，直至土地的邊際生產力僅能夠償付資本和勞動的報酬，所獲得的總產量超過邊際產量的餘額就是地租。

（二）克拉克的分配理論

在《財富的分配》一書中，克拉克全面闡述了分配理論。首先，他認為根據對社會經濟影響的不同，可以將經濟學劃分為三個部分：第一部分研究社會經濟的一般現象，第二部分研究靜態經濟，第三部分研究動態經濟。「第一部分所討論的是一般現象，第二部分所討論的是靜態社會的現象。我們首先研究那些不論在有組織的社會還是沒有組織的社會都起作用的經濟規律。其次研究那些依靠社會組織而不依靠社會進步的力量。最後，我們需要研究社會進步的力量。除了在靜態社會起作用的力量以外，還必須研究那些只有在動態社會才能起作用的力量。這就是動態社會經濟學。它可以使我們理論上的社會符合實際社會的情況。它提出了那些為靜態理論公開地有意地撇開的問題——就是改變生產方式和影響社會結構本身的各種變化。

研究這些問題就是經濟學第三個自然部分的內容。」① 這種靜態和動態的劃分方法，較早地源於約翰·穆勒，是經濟學研究的一種重要的思想方法，熊彼特在《經濟發展理論》中就是依據這種方法構建理論體系的。

克拉克認為，社會的收入分為三個部分：工資、利息和利潤，分配問題就是研究這三種收入的來源。在這三種收入中，工資是勞動的收入，利息是資本的收入，利潤是企業家的收入。其中，企業家是指雇傭勞動者和利用資本的人，他們執行某種調和工作而獲得收入。像自然科學一樣，人們所得收入的份額是受自然規律支配的，也就是說，「如果自然規律能夠充分發揮作用，那麼，從事任何生產職能所應當分配到的收入量，都將以它實際生產的成果來衡量」②。因此，收入分配問題就演變為研究三種生產要素對於共同生產的產品個別所貢獻出的份額。克拉克進一步論證了是什麼因素決定了勞動和資本的貢獻份額。在《財富的分配》一書中，他指出「最後生產力是工資和利息的標準」，即勞動和資本的邊際生產力決定了工資和利息的多少。

五、一個總體性評述

收入分配理論的圖景是由社會結構和生產要素兩個方面勾畫出來的。第一個方面，什麼因素作為財富生產的要素以及誰對這些要素擁有產權關係，是每一種功能性收入分配理論的基

---

① 克拉克.財富的分配 [M].陳福生,陳振驊,譯.北京：商務印書館，2014：26-27.
② 克拉克.財富的分配 [M].陳福生,陳振驊,譯.北京：商務印書館，2014：3.

本前提。第二個方面，收入分配的依據是什麼？是根據要素對財富生產的貢獻（生產力角度）還是直接根據所有制關係（生產關係）來劃定每一個要素所有者的收入，就會引出不同的分配機理。基於對這兩個問題的不同判斷，不同的經濟學家所構建的理論也是不同的。例如，薩伊是從勞動、資本和自然力提供「生產性服務」的角度來論證這三種要素擁有所有權的主體的參與分配機理，這顯然是一種生產力的視角，而李嘉圖則從勞動創造價值的視角出發研究國民收入直接依據所有權關係進行分配的機制，這是一種生產關係的視角。

在新古典分配理論中，馬歇爾將土地、勞動、資本和企業家才能歸結為生產要素，並以此為依據利用供求原理來決定各個要素的價格，而要素的價格決定了其各自分配得到的份額。要素的需求是通過效用價值論來解釋的，要素的供給是通過成本來解釋的，從而把新古典邊際效用理論和古典的生產費用理論結合起來。克拉克則認為勞動、資本和企業家才能是生產的要素，工資和利息是由勞動和資本的邊際生產力決定的。這兩種理論都是基於生產力的視角對分配問題給出的理論解釋。其背後的經濟哲學含義是：各個生產要素的所有者之所以能夠憑藉其對這些要素的產權獲取收入，是因為這些要素在生產中對產品提供了生產性的貢獻，它們是形成財富的生產力，是客觀上組合成財富的物質力量。這種視角的理論最初是由薩伊提供理論基礎的，像我們前面論述的，薩伊稱各個要素的生產性貢獻為「生產性服務」，所有者憑藉其產權所獲得的收入是生產性服務的報酬。新古典經濟學家運用邊際分析方法，對這個理論進行了進一步的發展和精細化，但本質上並沒有改變物質技術關係決定分配的理論視角。

李嘉圖的分配理論，從一種生產關係的視角來闡釋各個階級在分配中的地位和物質利益關係。這種視角的分配理論為馬

克思所繼承並得到發展。其背後的經濟哲學含義是：雖然生產財富的物質力量是由各個生產要素的生產力提供的，但分配並不取決於各個生產要素的物質貢獻，而是取決於社會經濟的所有制關係，因此分配問題不是一個物質技術關係問題，而是一個社會過程。包括斯密在內，對於財富在社會中自然而然的分配的過程的理解，都傾向於從總的社會階級結構的視角構建理論工具。

根據熊彼特關於科學和意識形態的研究，不同的理論的主要差異不在於分析工具，而在於初始的視界的不同。也就是說，工具本身是價值中立的。例如，供求這種分析工具對於兩種分配理論來說都可以利用，但對於供求力量起作用的原理及其在理論體系構建中的作用不同，是由初始的視界決定的。視界包含了研究者本身的意識形態，即作者對於社會經濟問題的各種價值判斷，以及作者對於什麼是事實的本質的主觀看法——正是由於這些看法的不同，決定了理論體系的差異。對於分配問題的看法，由於研究者不同的初始視界，大致可以分為兩種，一種是薩伊的視角，一種是李嘉圖的視角，這兩種視角的理論決定了經濟學不同的發展方向。對於生產和消費的看法基本上沒有多大的差異，諸如分工、土地和勞動在生產中的作用、勞動生產率、資本的作用等問題，古典經濟學家所持的看法差不多。對於分配的社會結構前提，將社會分為資本所有者、土地所有者和勞動所有者，二者也是有共同看法的。最大的分歧在於分配的原因以及所分配的價值的來源。薩伊視角的分配理論主張生產力分配論和效用價值論，而李嘉圖則主張生產關係分配論和勞動價值論。值得一提的是，在古典經濟學時期，主流的價值和分配理論是勞動價值論和生產關係分配論。

馬克思是唯一一個發展了古典勞動價值論和收入分配理論的經濟學家。在馬克思在世的時候，瓦爾拉斯、杰文斯和門格

爾於19世紀70年代初分別獨立地提出了邊際效用理論,政治經濟學的發展方向發生了重大改變。1890年約翰·穆勒的折中主義的綜合性著作《政治經濟學原理》（出版於1848年）的地位被馬歇爾的《經濟學原理》所代替,經濟學進入效用價值論和要素分配論統治的時期。馬克思的經濟理論的直接理論來源是古典經濟學特別是李嘉圖學派經濟學,而且馬克思是唯一一個從勞動價值論角度超越古典經濟學的經濟學家。在馬克思那裡,斯密—李嘉圖的古典勞動價值論和收入分配理論達到了頂峰,之後再也沒有人超越。就分配領域的研究而言,馬克思剔除了基於生產力服務的要素分配的一些看法,建立了完全以勞動價值論和生產關係為基礎的分配理論。在《資本論》中,馬克思對薩伊的「三位一體」公式進行了批判。他認為,首先薩伊的這個公式將本質上不同的東西抽象為共同的東西,「每年可供支配的財富的各種所謂源泉,屬於完全不同的領域,彼此之間毫無共同之處」,在這個理論中資本、土地和勞動是財富的源泉,但它們對於價值的創造和形成這個問題完全是一個神祕的領域。其次,這個公式擺脫了一切社會歷史屬性,「是一切生產方式共同具有的」,作為生產過程的物質要素,「與生產過程的社會形式無關」。最後,它把「一種當作物來理解的社會關係」,「安置在一種和自然的比例關係上」,「將事物的表現形式和事物的本質直接合而為一」,「實際上不過是對於局限在資產階級生產關係中的生產當事人的觀念,教條式地加以解釋、系統化和辯護」。①

馬克思分配理論的核心思想在於對於經濟過程的一種社會的和主體間性的理解,也就是將一定的社會歷史條件作為一種暫時的關係結構,人和物只不過是這種歷史架構和關係結構的

---

① 馬克思.資本論:第3卷[M].北京:人民出版社,1975:920-923.

物質承擔者——在這個意義上，所謂分配只不過是這個過程的一個局部的直接表現而已。「資本主義生產過程只不過是一般社會生產過程的一個歷史規定的形式。而社會生產過程既是人類生活的物質生存條件的生產過程，又是一個在歷史上經濟上獨特的生產關係中進行的過程，是生產和再生產者這些關係本身，因而生產和再生產著這個過程的承擔者、他們的物質生存條件和他們的互相關係即他們的一定的社會經濟形式的過程。因為，這種生產的承擔者對自然的關係以及他們相互之間的關係，他們借以進行生產的各種關係的總和，就是從社會經濟結構方面來看的社會。資本主義生產過程像它以前的所有生產過程一樣，也是在一定的物質條件下進行的，但是，這些物質條件同時也是個人在他們的生命的再生產過程中所處的一定的社會關係的承擔者。這些物質條件，和這些社會關係一樣，一方面是資本主義生產過程的前提，另一方面又是資本主義生產過程的結果和創造物：它們是由資本主義生產過程生產和再生產的。」①

　　馬克思將人的勞動置於人與自然之間的物質變換的過程中來理解，同時又將這種物質變換過程置於一定的社會關係形式中來理解，因此，任何一個物質，如生產一件產品，在馬克思的理論中，都是具有雙重屬性的即它的自然和物質屬性以及它的社會形式屬性。物質過程只不過是社會形式的物質承擔者，就像資本家僅僅是資本關係的人格化一樣，生產過程只不過是社會過程的物象化。在這個意義上，分配就只是社會過程的一個局部的方面，生產、交換和消費過程也是一個局部方面，四者合成的整體構成了社會過程的經濟圖景。所以，分配作為社會過程，就純粹的意義而言，是排除了作為財富源泉的那種物質創造過程的，它可以被定義為物質創造過程的社會形式的一

---

① 馬克思. 資本論：第 3 卷 [M]. 北京：人民出版社，1975：925.

個方面，這個方面是總體對於個體之間進行財富劃分的無形支配，人們領取屬於自身消費的物質財富，不是基於他在財富生產中的物質力量的貢獻，而是基於它們在關係結構中的位置以及維持結構運行的需要。從這個視角，馬克思將古典的分配理論提升到一個哲學的境界，達到了一個全新的高度。

一些人之所以不認同馬克思的分配理論，常常是由於對於勞動價值論產生了誤解。這裡主要有兩種觀點：一種觀點認為勞動價值論是為論證剝削服務的，是為了說明資本家和地主不勞而獲；另一種觀點將勞動價值論視為意識形態，認為它在方法論上具有非科學性。

第一種觀點將價值由勞動創造的引申為價值應當全部成為勞動者的收入，只有勞動者才是商品的真正所有者。這種思想即勞動者創造了產品，因而按照自然權利，一切勞動者擁有商品的權利。這種觀點不僅在洛克的思想中存在，而且在李嘉圖派社會主義者如湯普森、霍吉斯金、勃雷等人的著作中得到了系統的表述。凡勃倫對馬克思也有這樣的指控。在《卡爾·馬克思和他的擁護者的社會主義經濟學》這篇文章中，凡勃倫斷言，馬克思的學說作為其出發點的「先入之見」是「黑格爾哲學的唯物主義和自然權利的英國體系」，馬克思引入其著作的觀念是「黑格爾辯證法的一個改變了的框架」，馬克思「常常暗自表明勞動者有權獲得全部勞動產品」[1]。這裡，很顯然，凡勃倫對於馬克思在社會科學領域中的革命性突破缺乏應有的理解。馬克思首先是一個科學家，科學的任務是發現社會發展的規律，並依據「必然性」而行動（實踐）。將價值論作為一種證明勞動者有權獲得全部勞動產品的「自然權利」思想，這也並非馬

---

[1] 托爾斯坦·凡勃倫. 科學在現代文明中的地位 [M]. 張林, 張天龍, 譯. 北京：商務印書館, 2008：307-311.

克思的邏輯。在馬克思看來，勞動價值論不是為了說明勞動者有獲得自己勞動產品的權利這樣一個「應然」，而是說明為什麼勞動者得到他在一定的法權關係中必然得到的那個份額的原因。所有制決定分配，一定的生產關係必然產生相應的分配關係，這是不以人的意志為轉移的。商品只有在資本主義生產關係條件下，才以一種剩餘價值的完整形式表現出來，從而表現為以追逐利潤為目標的經濟運動，而未來的共產主義社會也同樣將不是按照自然權利的要求來進行分配，而是按照人的合理的需要進行「按需分配」。馬克思從來不從「應然」的角度來為工人階級的利益辯護，而是首先承認一定的經濟形式的合理性，並依據其內在矛盾（在階級社會表現為階級鬥爭的具體實踐）指出其發展的必然性。雖然勞動價值論思想的起源，在洛克那裡多少與自然權利有一定的聯繫，但是馬克思的勞動價值論（包括剩餘價值理論），其主要目的是論證作為一般交換形式之內在根據的「價值規律」及其在資本主義經濟形態中的具體表現，而不是作為伸張作為資產階級的理想的「自然權利」的理論依據。

第二種觀點涉及勞動價值論在馬克思理論體系中的方法論問題。我們知道，效用價值論作為一種解釋性原則，是現代經濟學的理論基礎。但在奧地利學派中，效用價值論的運用方法是不同於以均衡為核心的現代經濟學的。現代經濟學以新古典經濟學的供求理論為依據，效用價值論僅僅與需求方面相關聯，而供給則是聯繫成本和費用來解釋的。奧地利學派的價值理論是從消費品的價值開始的，它取決於人們購買消費品的效用，從人們賦予消費品的價值向生產品進行「歸屬」，就得到生產品的價值，生產品的價值來源於消費品的價值，進而最終的原始要素的價值也是從消費品的價值歸屬而來的。馬克思的勞動價值論與奧地利學派的效用價值歸屬理論正好相反，它假定自然

的原始要素是沒有價值的，是勞動賦予了其價值，並通過生產品和消費品的生產而逐漸地加到商品上，它是一種價值「加成」的理論。從這個角度來看，也就是從價值歸屬和價值加成的角度來看，效用價值論和勞動價值論在方法論上的功能是完全一樣的，按照熊彼特的看法，兩個解釋性原則都與意識形態無關，它們都是處理事實的一種工具。「以往的經濟學家認為，勞動價值論是維護勞動者利益的，邊際效用價值論是壓制勞動者利益的，但這已經過時了。可以證明，就與意識形態相關的問題而言，這兩種理論沒有多大不同，就如同無差異曲線代替邊際效用，或用一個簡單的一致性假定（薩繆爾森）替代無差異曲線一樣。」①

---

① 熊彼特. 科學與意識形態 [M] //丹尼爾·豪斯曼. 經濟學的哲學. 丁建峰，譯. 上海：上海人民出版社，2007：201.

第四章　馬克思的資本主義分配理論

　　馬克思主義經濟學的基本元素來自於古典經濟學，嚴格來說，馬克思的理論屬於古典經濟學的一個發展分支。熊彼特在《經濟分析史》中認為，馬克思是屬於李嘉圖學派的一個成員，在英國這一學派的理論家以詹姆斯·穆勒和麥克庫洛赫為代表，在德國以洛貝爾圖斯和馬克思為代表。馬克思沿著李嘉圖的道路發展古典經濟學，但是採取了一種較為激進的看法，從而使他的分配理論顯得既是更完善的理論體系，同時也更像是一種意識形態的證詞。按照熊彼特的看法，馬克思所處的時代的政治、社會、經濟情況以及馬克思自身的思想環境和生活狀態，使馬克思將視界放置於一種和當時的主流社會輿論相對立的境地，馬克思所發展的分析工具主要不是經濟學的，馬克思的創造性的工作是為政治經濟學提供了一種哲學的方法，這就是他在 1848 年 30 歲之前研究哲學和歷史所得到的唯物史觀以及出於對黑格爾神祕化的辯證法的不滿而試圖將辯證法的合理內核挖掘出來的理論意圖，這使馬克思的理論具有比古典經濟學更廣闊的視野、更深入的洞察力、更徹底的邏輯一致性。沒有人在純理論的分析努力上能夠超過馬克思，辯證法在政治經濟學中的自我實現以及政治經濟學的辯證化，不僅改變了辯證法的理論結構，而且改變了政治經濟學的內在架構。

在分配領域，李嘉圖先排除地租，因為在地租為零的臨界點上，資本只能獲取普通利潤，勞動獲取工資，資本家所得和工人所得處於一種此消彼長的關係中。在這個基礎上，李嘉圖研究了工資的上漲對商品相對價值的影響以及利潤和工資之間的關係。馬克思的理論邏輯更簡單。馬克思首先將工資和購買生產資料的花費等同看待，先排除工資，然後集中分析剩餘的部分與資本累積的關係，以及這些剩餘價值在不同的資本家群體之間的分配。李嘉圖的整個理論過分依賴於「土地生產力遞減」的假設，因而使理論的基礎不穩固，而在馬克思的理論體系中，地租理論雖然與李嘉圖的基本相同，但是在理論的邏輯位置上，地租理論僅僅成為分配的一個領域，是由於土地所有權和經營權的壟斷使農業的超額利潤轉化的結果。下面，我們根據馬克思的理論邏輯對馬克思關於資本主義分配問題的研究進行一個理論上的梳理。

一、理論結構的三個層次

馬克思的分配理論包含了三個層次，這三個層次體現了從抽象到具體的辯證方法的邏輯。第一個層次是社會新創造的價值在勞動和資本之間的劃分，形成可變資本和剩餘價值；第二個層次是剩餘價值在消費和累積之間的劃分，這是資本主義擴大再生產的動力；第三個層次是剩餘價值在不同的資本家群體之間的分割，這是通過利潤率平均化實現的。

在古典經濟學中，資本的概念還不確定，有時指的是資本家購買所有的生產資料和勞動的支出，有時僅僅指資本家購買生產資料所花的錢，或者直接指作為中間產品的生產資料，有時還指能夠產生收入的任何財產，這些不同的定義為後來的學

者採納從而形成了不同的理論學說。馬克思接受的資本概念，是貨幣轉化的，而貨幣的形成，則是商品內在矛盾即使用價值和價值邏輯展開的結果。從貨幣向資本的轉化，被界定為貨幣產生超過自身價值的剩餘價值，馬克思認為這種剩餘不能夠在流通領域去尋找，必須在生產領域中才能夠得到。生產中是怎麼產生出多於投入的價值的呢？馬克思將其歸因於資本家雇傭的勞動力在生產過程中創造的價值大於維持其勞動力再生產的價值。這裡就立即進入了一個宏觀的分配領域。工人維持其勞動力再生產必須依靠工資，工資水平取決於維持勞動力再生產所需要的消費資料的價值，在不同的國家，這個數額的大小不同，具體的消費品不同，它受到社會、風俗和道德的限制。按照古典經濟學的看法，這就代表了工資的「自然率」，亞當·斯密認為現實的工資是圍繞著這個工資水平而波動的，進而側重研究了造成不同行業工資率差異的原因，不同行業的勞動的特性不同，有的需要更高的技能和培訓，有的要冒更大的風險，等等，都會通過工資的差額進行補償。馬克思主要關注的是維持勞動力再生產的工資的內在價值，這部分價值在生產中的特性與資本家購買生產資料的支出是相同的，在後面的分析中它們都被劃歸為成本。不考慮其他條件，假定每年的不變資本完全轉移，那麼社會的總的價值量就表現為從生產資料中轉移過來的不變資本、勞動者新創造的可變資本和剩餘價值。整個國民收入分割為兩部分：工資部分和剩餘價值。根據凱恩斯的定義，馬克思假定工資在每一期都被完全消費，沒有儲蓄，整個社會的儲蓄只來自於剩餘價值，剩餘價值的累積或剩餘價值的資本化是社會儲蓄和社會投資的唯一來源。

在馬克思看來，剩餘價值是資本家憑藉資本所有權而無償獲取的，因而剩餘價值相對於可變資本的比率就是衡量剝削程度的指標。這一指標在前資本主義的私有制社會，是以剩餘勞

動與必要勞動或者是剩餘產品與必要產品的比率表示出來的。雖然馬克思經常表現出對於剝削的道義上的憤慨，但是作為分析性內容，這種劃分在理論上並沒有什麼瑕疵，也很難從理論上駁倒它。剩餘價值與可變資本的比率取決於兩個因素：一是物質技術關係，二是生產關係，這兩個因素的變化都會影響到剩餘價值比率的大小。我們知道，這個比率並不僅僅代表著資本對勞動的剝削程度，它實際上也表示國民收入在資產階級和勞動階級之間的分配情況，它是衡量資本和勞動相對收入的一種綜合性的指標，指標上升說明收入分配發生了更有利於資本家的變化。若要進一步地分析是物質技術關係變化導致的，還是生產關係變化導致的，需要對具體的情況進行分析，理論只是指示出分析的方向。如果指標下降，則說明社會的物質技術關係或生產關係發生了有利於勞動階級的變化。例如，社會中發生了勞動偏向型的技術進步，或者工人的最低工資標準得到了大幅度提高，或者社會中發生了勞動力長期不足的情況，都可能使工資水平相對於剩餘價值有所提升，從而使剝削率下降。

如果工人得到的僅僅是生存工資，邊際消費傾向為100%，那麼經濟增長的動力就主要取決於剩餘價值在消費和累積之間的分割，這取決於資產階級的邊際消費傾向。按照唯物主義的觀點，可以認為，資本家個人的必要消費和奢侈性消費只占整個剩餘價值的較小部分，資本家的邊際消費傾向對於剩餘價值資本化的程度影響很小，真正具有實質性影響的因素是投資前景和預期的利潤率。較高的利潤率水平是促使剩餘價值更大程度地資本化的主要力量，由較高的利潤率產生的更多的利潤量為累積提供了更大的基礎，二者相互促進，使投資大規模增加，社會生產達到週期的頂端。因此，似乎決定累積率的因素不在於消費的傾向，而在於投資的引誘，在擺脫了儲蓄限制的信用創造的環境中更是如此。

馬克思在對簡單再生產和擴大再生產的分析中，假定社會中沒有技術進步，假定社會的資本有機構成不變，這一分析在列寧的《論所謂市場問題》的文章中得到了擴展。如果在資本累積的過程中，資本的有機構成提高，那麼用於累積的那部分剩餘價值在購買生產資料和勞動力方面的分割，將給予生產資料更大的比例和份額，以滿足資本有機構成提高的需要，累積過程對於生產資料的需求更大，從而第一部類（生產資料部類）的增長必定要快於第二部類（消費資料部類）的增長，這就是生產資料優先增長的原理。這一原理的分析是在社會資本再生產的平衡狀態下的結果，按照這個平衡架構分析資本累積和有機構成，不可能得到危機的結論，盧森堡的資本累積必須依靠外部市場的結論是不能成立的。若要從資本累積和有機構成提高的趨勢中得出危機的結論，就必須放棄兩大部類之間的物質平衡和價值平衡的先在性的設定。實際情況可能如斯威齊在《資本主義發展論》中分析的：在資本累積過程中，由於技術進步以及相應的有機構成提高，累積的剩餘價值用於生產資料的部分越來越多，用於購買消費資料的部分越來越小，社會中購買生產資料相對於消費資料的比例越來越大。而生產資料最終是為生產消費資料服務的，生產資料增多帶來了更高的生產能力，需要更多的對消費資料的需求。與之相反，隨著資本有機構成的提高，對消費資料的需求在社會中的比例越來越小，表現為生產無限擴大的趨勢和有支付能力的消費需求相對縮小的矛盾，最終只能通過危機的形式來緩解矛盾。

　　相對生產過剩、比例失調和消費不足三種經濟危機理論，具有內在的統一性。從長期來看，消費不足與相對生產過剩是同一個問題的兩個方面，而在經濟面臨著消費不足和生產過剩時，必然意味著比例失調。割裂三者之間的內在聯繫，單方面強調其中的某一個方面，都不能有效地解讀馬克思的經濟危機

理論。凱恩斯主義的有效需求概念，包括消費需求、投資需求、淨出口、政府支出四個方面。從馬克思主義經濟學來看，不考慮淨出口和政府支出，投資需求是剩餘價值資本化過程中僅僅用於購買生產資料的需求，投資的增長最終是為消費資料的增長服務的，消費需求是最終需求。因此，若不考慮短期情況，經濟在長期必定是消費不足或者說是有支付能力的購買力（購買消費品的支付能力）不足，或者說是相對生產過剩。凱恩斯分析的前提是短期（一年）和產能利用率不足，在這兩個條件下，四大需求必定是經濟總量的基礎。對於長期，凱恩斯模型是不適用的，馬克思的模型才是有解釋力和應用價值的。也難怪，凱恩斯明確地聲稱：從長期來看，我們都死了。

　　回到分配這個核心問題上來，我們可以看到，不考慮信用創造的情況，分配對於擴大再生產的作用是間接的，國民收入（可變資本+剩餘價值）在工資和剩餘價值之間的分配是通過剩餘價值在消費和累積之間的分割這個渠道來影響擴大再生產的，而擴大再生產中的技術進步和資本有機構成提高又會影響到資本化的剩餘價值在生產資料和消費資料之間的分割比例，進而影響工資相對於不變資本和剩餘價值的比例。這種相互關係所造成的壓力，即生產的絕對擴大和最終需求的相對縮小的矛盾，是資本主義經濟危機的主要原因。

　　分配問題的第三個層面，是一個一般均衡理論。也就是說，利潤率在不同有機構成的部門之間平均化，商品是根據投入的成本（不變資本+可變資本）加上平均利潤來定價的。這也是馬克思的一般價格理論。這個理論解決了李嘉圖學派所面臨的價值規律與等量資本獲取等量利潤之間的矛盾。這個過程是剩餘價值由於競爭而在不同資本有機構成的部門之間的分割。資本有機構成高的產業的部門利潤率較高，資本有機構成低的產業的部門利潤率較低，在資本和勞動力自由流動的條件下，資本

會隨著利潤率的高低而在不同的部門流動，通過供求關係最終使每一個產業部門的利潤率相等。在國民收入分割為工資和剩餘價值的基礎上，剩餘價值又在不同資本有機構成的部門之間進行了第二次分割。若考慮資本職能的分化，剩餘價值還會在商業資本、借貸資本、銀行資本之間進一步分割成商業利潤、利息和銀行利潤。至於地租對於剩餘價值的佔有，主要是通過權利壟斷而產生虛擬的社會價值，這個問題我們在本書的後面進行了分析，這裡不作論述。

從整體社會來看，國民收入可以劃分為工資、利潤、利息、地租。其中利潤、利息和地租主要來源於剩餘價值。這種直觀的現象性的概念，是通過一種經濟過程逐漸推導出來的，它們都可以歸結為價值現象，而無論這四個概念具有什麼樣的日常生活含義，它們都不是直觀地呈現在人們面前的，我們的分析過程就是要揭示這些現象的本質。如果本質與現象直接等同，那麼科學的意義也就不存在了。正是基於這個觀點，馬克思認為古典經濟學的不足之處常常在於將現象性的概念直接等同於本質性的概念。而馬克思《資本論》的邏輯正是從本質性概念逐漸展開到達現象性概念的。我們所評述的第一個層面，即馬克思《資本論》第一卷的分配理論，是最抽象的層面，在這個層面上價值與價格是直接等同的，一切現象性的概念都還沒有出現，分配的社會過程剛剛展開；第二個層面連接著《資本論》第一卷的資本累積理論和第二卷的社會資本再生產理論，它論證了剩餘價值資本化對於經濟運動的影響，資本開始了全面的流通過程，形成了一幅錯綜複雜的圖景，分配問題成為一個局部的方面，在流通過程中展現了分配的社會過程；第三個層面論證了剩餘價值在不同部門、不同的職能資本以及不同的企業之間的分配過程，形成了一般均衡理論，論證了資本主義價格波動的中心與簡單商品經濟的不同，這裡的分配是剩餘價值的

分配。與第二卷相比，這種分配更符合我們研究意義上的國民收入分配，因為嚴格來說，剩餘價值在消費和累積之間的分割問題，不能稱之為分配問題。

通過對這三個層面的闡述，分配作為一個社會過程的清晰圖景呈現在我們面前。《資本論》的起點和終點連接在一起。作為起點的商品，在終點表現為勞動力的價格（工資）、資本的價格（利潤）、信用的價格（利息）和土地的所得（地租），勞動力、資本、信用和土地似乎都成為商品，具有商品的一般的交換的性質，商品的一般化和普遍化在資本主義經濟中達到極端狀態，一切社會現象似乎都具有交換的性質。分析這種普遍化的商品關係，只有從最單純的單個商品出發，分析所達到的終點就是商品關係的普遍化。在這種普遍化的發展過程中，勞動力的商品化是一個關鍵環節，貨幣轉化為資本並主導社會經濟運行，是從勞動力的商品化開始的。儘管高利貸很早就出現了，但它並不構成一個本質性的現象。

二、分配的一般趨勢

這裡說的分配的一般趨勢，是指在資本主義市場經濟條件下分配的一般趨勢。當代的許多經濟學家傾向於認為，市場經濟內在地具有造成收入差距擴大的趨勢，甚至會導致嚴重的兩極分化問題。在收入分配的公平合理性問題上存在市場失靈，這為政府的干預和各種社會政策提供了理論支持。支持這個論點的主要依據是市場經濟的一般法則——競爭，以及由於競爭的環境所導致的優勝劣汰和馬太效應，這不僅會使在同等條件下的競爭者分別成為成功者和失敗者，而且會將初始條件的不平等放大，必然造成社會在收入分配上的差距拉大。對這個問

題的實證研究，最為著名的是庫茨涅茲曲線，該曲線通過經驗研究，認為在經濟增長的初期，收入差距有擴大的趨勢，隨著經濟的發展，收入差距又會逐漸縮小。這一結論的更多的實證研究，似乎認為這個經驗性的結論並不是必然的，經驗證據並不能提供更多的證據證明這種趨勢。抑制收入差距擴大的主要原因並不是經濟增長自發地帶來的，而是基於政府的干預和廣泛的社會政策的實施。

馬克思主義經濟學對這個問題也進行過嚴密的論證，即資本累積內在地具有擴大財富佔有差距和收入差距的一般趨勢，馬克思稱之為「資本累積的一般趨勢」。該問題的論證過程在馬克思那裡主要地是依據於古典經濟學的一個核心命題：資本累積的速度決定了經濟過程對於勞動力和人口的需求。可以看到，在斯密、李嘉圖、詹姆斯‧穆勒等人的作品中，工資水平最重要的影響因素是資本累積的狀況。古典經濟學家秉持一種典型的「內在趨勢」和外部表現的方法論立場，他們普遍認為像工資一類的經濟變量，有一種長期的內在的趨勢和「自然率」或「普通率」，真實的市場價格是圍繞著這個自然率波動的。對於工資這個重要的經濟變量，其內在趨勢是維持勞動力再生產的生產資料的價值。馬爾薩斯在《人口原理》中對這個規律，即人口的數量與農業生產的滿足生存需要的消費資料保持一定的關係，進行了顯得過於誇張但確實符合歷史實際的說明。這表明真正的工資率在傳統農業社會等於維持人口再生產的生活資料的數量，這是一個決定工資水平的內在力量。馬克思在《資本論》中也是從這個命題出發論證可變資本的。

市場中表現出來的真實的工資水平，是受供求規律支配的，也就是說，勞動力的供給和資本累積對勞動力的需求決定了實際的工資水平。由於勞動力供給發生變化的時間較長，在一定時期內，資本累積的速度即勞動力的需求方的力量對實際工資

水平波動起主要作用。但不管怎樣波動，市場中的實際工資和真實工資總是圍繞著工資的自然率水平波動的。馬克思自然也接受了古典經濟學的這些論點。馬克思認為，資本累積的擴張和收縮決定了經濟過程中勞動力的擴張和收縮。他首先假定了在社會中存在著一個「勞動力後備軍」，這表明在經濟過程中總是存在著一定的過剩人口，他們為資本累積的擴張和收縮所需要的勞動力數量提供了一個「蓄水池」。這樣，經濟增長過程中勞動力的供給就不再受制於人口自然出生率的限制，而是通過這個「蓄水池」，勞動力儲備時而被吸收進經濟過程時而又被拋進蓄水池。

在資本累積過程中，如果不發生資本有機構成的變化，不變資本和可變資本的比例不變，那麼對勞動力的需求會隨著資本累積的量的擴大而成比例地擴大，隨著資本累積速度的加快而成比例地加快，由於需求增加，勞動力的工資水平將不斷地上升。馬克思沒有明確說明這種上升是在「蓄水池」中勞動力沒有用完還是用完之後。從理論上講，應當是「蓄水池」中的勞動力即經濟中的過剩勞動力，完全被資本累積所產生的勞動力需求吸收完之後，工資才能明顯地上漲，這在資本主義工業化迅速擴張時期是常見的現象。工資水平的上升，在商品的價值不變的情況下，必然會侵蝕資本的利潤，進而影響資本累積的速度。隨著資本累積速度的下降，工資上升的拉力就會受到經濟過程自然的打壓，從而使工資既不上升至危及資本累積，又處於與資本累積的狀態相適應的程度，這就是工資的均衡水平。馬克思很明確地分析了經濟過程中存在的這種負反饋的機制。

如果在資本累積的過程中，同時發生資本有機構成的提高，不變資本相對於可變資本的比例增加，那麼資本累積對於勞動力的需求就是不確定的。它取決於資本累積的量的擴大對勞動

需求增加的程度與資本有機構成提高造成勞動力需求降低的程度之間力量的強弱。若前者起主導作用，那麼對勞動力的需求將增加，工資水平將上升；若後者是占優勢的力量，那麼對勞動力的需求將減少，工資水平將下降。馬克思認為，隨著資本主義的進一步發展，這種趨勢表現得更為明顯。早期的資本主義發展主要表現為量的擴大，是一種外延式的擴大再生產。隨著資本主義經濟中技術創新的大量出現，內涵式的擴大再生產將越來越突出，由資本有機構成提高帶來的技術失業也會更加嚴重。

對資本累積的這樣一個簡單的趨勢分析表明，就業是從屬於資本累積過程的，工資水平並沒有隨著資本累積量的擴大而得到提高，在資本量像滾雪球一樣越滾越大的情況下，工資份額卻並沒有相應地擴大，甚至在一定時期還會絕對地下降。因此，在一端是資本主義財富的日益累積和大量增長，在另一端卻是無產階級的日益貧困化，資本家和勞動者財富佔有的差距將會越來越大，這就是資本累積的一般趨勢。馬克思認為，這個趨勢將導致無產階級革命，從而危及資本主義的統治地位。資本主義在19世紀末到20世紀的大半個時期確實受到了來自社會主義的嚴峻挑戰，但是資本主義最終還是擺脫了這種威脅，這主要得益於政府對於收入分配的有意識的調節以及各種社會政策的廣泛實施。

即使在當今社會，馬克思的論證仍然是正確的。法國經濟學家皮凱蒂在他的那本風行全球的名為《21世紀資本論》的書中，運用大量的數據資料證明了財富佔有的差距並沒有有效地縮小，收入分配的不平等也沒有想像中的那種朝向更加公平的方向改善。這些結論，這些展現在我們面前的趨勢，充分證明了馬克思所得出的主要結論的科學性。

三、分配與經濟週期

　　生產的擴大與購買力不足的矛盾是資本主義經濟週期的主要原因。這個矛盾是一個分配問題，也就是說，資本累積在資本主義條件下是追求利潤的，但是這種追求利潤的過程最終將受制於對消費資料的需求。不管生產能力如何擴張，只要消費能力沒有保持相應的擴大，這種擴張最終是不能夠在經濟上實現的。資本主義之所以發生相對生產過剩的危機，就是由於生產在不斷擴張，而資本主義分配的自然趨勢卻限制了消費的擴張，危機只不過是生產和消費的矛盾的集中爆發。

　　按照馬克思的邏輯，資本主義私有制是經濟危機的根源。在簡單商品經濟條件下，由於貨幣作為流通手段和支付手段的職能，商品交換中買和賣的分離以及信用的發展，經濟運行已經具備了產生危機的可能性，但是由於商品經濟主要是為自然經濟服務的，商品經濟的規模較小、區域空間有限，尚未發展成為全面的交換關係，因此還不具備發生經濟危機的必然性。只有在資本主義經濟中，商品經濟成為占統治地位的經濟形式，危機才能夠從可能性變成現實性。經濟危機發生的邏輯鏈條可以概括為：資本累積→收入差距拉大→消費需求（最終需求）不足→相對生產過剩→實體經濟危機。在危機發生機制的這個傳導鏈條中，比例失調和利潤率下降，是消費不足從而相對過剩的從屬形式。當消費不足和生產過程的矛盾累積到一定程度時，經濟中兩大部類之間的比例失調就會越來越嚴重，從而消費資料部類的過剩導致生產資料部類的過剩，經濟危機就會爆發。在形式上，經濟危機常常是從經濟增長的最高點爆發的，而在達到最高點以前，經濟出現繁榮的局面，這時信用急遽擴

張、投資大量增加，從而使累積的矛盾尖銳化，經濟運行繁榮經歷危機階段的急遽下降轉向蕭條，表現為復甦、繁榮、危機、蕭條四個階段的週期性模式。

在資本主義的發展中，生產和消費之間的矛盾的發展經歷了幾個重要的環節。在經歷自由競爭資本主義之後，危機逐漸加深，與電力、機械工業的發展相適應，19世紀末至20世紀前半葉，資本主義經濟中的壟斷趨勢日益加強，通過限制產量提高價格來緩和生產和消費的矛盾，與此同時，商品輸出也是緩和矛盾的主要手段，因此發達資本主義國家拼命追求海外擴張，這導致了兩次世界大戰。二戰結束後，資本主義的發展並沒有像列寧預言的那樣進入最高階段，而是進入了一個發展的黃金時期，這得益於恢復二戰所造成的生產破壞以及國家對經濟生活的全面干預、福利國家的興起，為此一方面需要大量的投資去修復戰爭傷害，另一方面實行高稅收、高福利的社會政策，生產和消費之間的矛盾得到大量釋放，經濟高速增長。20世紀70年代，在資本主義長期實行擴張性的干預政策下增長動力衰減，使經濟運行出現了停滯和通貨膨脹的雙重局面。貨幣學派認為這是政府干預政策造成的，隨即掀起了自由主義的浪潮，減稅、減少政府開支，廣泛地增加政府債務和家庭債務以提升消費需求，這些政策所造成的問題在2008年總爆發。這是一次由家庭債務危機引起的國際金融危機，最後演化成主權債務危機和經濟危機的過程。這次危機的發生機制可以概括為：資本累積→收入差距拉大→消費需求（最終需求）不足→相對生產過剩→消費信用→次貸危機→金融危機→實體經濟下滑。這說明，資本主義固有的矛盾並沒有消失，其解決問題的手段成為製造新的問題的手段。

馬克思認為這種矛盾的根源在於資本主義的基本矛盾，即生產的社會化趨勢與資本主義私有制之間的矛盾，因而主張消

滅私有制。這種激進的看法在馬克思的年代是為革命服務的，馬克思急切地希望未來社會的主人即工人階級能夠成為改朝換代的主體，從而使人類進入一個更高級的文明狀態。事實證明，在一定社會形態中，其固有的矛盾是無法通過人為的手段進行消除的，一個社會形態的消亡也不僅僅是通過革命鬥爭能夠實現的，它是一個自然進化的過程。就像馬克思自己所指出的，社會發展是一個自然歷史過程，一個社會即使探索到自身發展的規律，它也不能消滅規律，而只能「減輕分娩的痛苦」。從這個角度上看，米塞斯、哈耶克對於進化理性和建構理論的論斷，也是有一定道理的。

第五章　馬克思按勞分配學說的形成和發展

　　馬克思主義按勞分配學說是科學社會主義的重要組成部分。研究它的形成和發展及其在中國社會主義初級階段的實際運用，是發展馬克思主義，使馬克思主義同中國實踐相結合的重大課題。在本章我們從按勞分配學說的建立及其在社會主義國家特別是在中國社會主義初級階段的運用和演變過程，闡明馬克思主義這一學說的新的發展。我們認為，馬克思主義按勞分配學說的基本原理是毋庸置疑的，它對於社會主義國家具有普遍的指導意義。但不能教條主義地對待它，而應依據社會經濟的不同條件，理論聯繫實際地創造性地發展它、豐富它。我們認為，不能拘泥於馬克思、恩格斯、列寧、斯大林的個別論斷，不能使客觀實際服從於已不適應新情況的某些概念。

　　按勞分配學說的建立有一個發展過程；同樣，在不同歷史條件下的運用，也有一個發展過程。蘇聯、東歐和中國的實踐表明，對這一學說的運用，是一個認識不斷深化、不斷豐富的過程。本章共分兩個部分：①馬克思主義按勞分配學說的形成。這一部分主要是概括地論述馬克思主義按勞分配學說的思想來源，闡明馬克思如何在批判地繼承前人優秀思想遺產的基礎上建立了科學的按勞分配學說。這部分包括兩個問題：第一，對空想社會主義思想家從 16 世紀到 19 世紀這 300 多年時間裡對於

未來社會分配方式的各種設想做了簡要回顧，指出了其中的空想性質和科學因素，從而說明馬克思主義按勞分配學說的思想來源。第二，論述了馬克思、恩格斯創立科學的按勞分配學說的過程，這個過程可以劃分為三個階段，即19世紀40年代、19世紀50~60年代和19世紀70年代，本章分別從這三個階段進行了闡述。②按勞分配學說在蘇聯、東歐社會主義國家的發展和演變。這一部分主要說明馬克思主義按勞分配學說在社會主義國家已經成為指導實踐的理論原則。當然，由於思想認識水平不高和實踐經驗不足，因而在貫徹這種指導思想時，也出現了一些偏差。因此，這裡也有一個使理論和實踐相適應的演變過程。這一部分包括兩個問題：第一，列寧、斯大林對按勞分配理論的發展；第二，按勞分配理論在蘇聯、東歐社會主義國家的演變。

一、馬克思按勞分配學說的思想來源和形成

私有制條件下的財富不平等的現象，很早就啟發了一些思想家進行社會改革、實現社會公平的設想。在馬克思之前的這種理想和願望主要表現為空想社會主義，馬克思吸收了空想社會主義的基本思想，依據唯物史觀進行了科學的論證，從而創立了科學的按勞分配學說，並使之成為科學社會主義的重要的理論成分。

（一）馬克思按勞分配學說的思想來源

空想社會主義也就是烏托邦社會主義，所謂烏托邦，是指不存在的地方。最早的空想社會主義作品是1516年英國的托馬斯·莫爾創作的《烏托邦》（Utopian），它描述了一個現實中不

存在的海外孤島上人們所向往的理想社會。1839年法國經濟學家日洛姆·布朗基首次提出了烏托邦社會主義的概念。

能夠與莫爾的《烏托邦》相提並論的另一部早期空想社會主義作品是與莫爾同時代的義大利作家康帕內拉創作的《太陽城》。在這部著名的著作中，康帕內拉用對話體描述了一個航海家在最後一次航海時的奇遇。這個奇遇發生在印度洋的某一個島嶼上，航海家描述了這個島嶼上的社會制度。「這個民族來自印度，他們是在祖國遭受蒙古的掠奪者和暴徒的破壞後逃出來的，因此他們決定過嚴肅的公社生活。雖然生活在他們這個地區的其他居民中並未規定公妻制度，但是太陽城的居民卻在一切公有的基礎上採用這種制度。一切產品和財富都由公職人員來進行分配；而且，因為大家都能掌握知識，享有榮譽和過幸福生活，所以誰也不會把任何東西攫為己有……在他們那裡，房屋、宿舍、床鋪和其他一切必需的東西都是公有的。」①

在資產階級革命時期的主要的空想社會主義著作是法國摩萊里的《自然法典》和馬布利的《論法制和法律的原則》，他們論證了消滅生產資料私有制，建立沒有剝削的平等的社會的原則。摩萊里認為，人的需求是相同的，應該得到同樣的滿足，因此人的社會地位和權利也應該是平等的。他主張人們應該共同勞動，共同使用土地資源，共同享受勞動產品，自然界正是「通過人們感覺和需要的共同性，使他們瞭解自己地位和權利的平等性，瞭解共同勞動的必要性」，「世界是一張供所有就餐者享用的餐桌」，「它的全部菜肴有時屬於所有的人，因為大家都餓了；有時只屬於某些人，因為其餘的人已經吃飽了。任何人

---

① 康帕內拉. 太陽城[M]. 陳大維，等，譯. 北京：商務印書館，1997：9-10、15.

都不是它的絕對的主人，而且也沒有權利要求這一點。」①他認為，社會的產品應與人民人數相適應，這些產品「均按相同的規則公開分配」②，如果某種產品的數量不夠就暫停分配，直到數量相同，使每個人得到相同的份額。為了使有限的物品平等地分配給各社會成員，他還規定飲食要有節制、衣著不能華麗等。可見摩萊里的分配思想又帶有禁慾主義傾向。

馬布利與摩萊里的主張基本一樣，不同的是馬布利更強調改革當時的社會制度，幻想未來社會在財富分配上的一律平等。他的分配思想中的平均主義和禁慾主義更為強烈。

在18世紀的空想社會主義者中，把平均主義分配思想表達得最充分的要算巴貝夫。他接受了摩萊里平均分配思想的影響，並大大發展了它，竟然主張絕對平均主義的分配方式。他提出：在消費品的分配上，必須遵守「均等分配」的原則，使每個人「得到相同的一份」③，保證所有人沒有任何差別的絕對的平等。

18世紀的平均主義分配思想的出現並不是偶然的，而是有著其深刻的社會根源和階級根源的。一方面，18世紀的法國資本主義還處於上升時期的最初階段，生產力發展水平還比較低，產品還不豐富；另一方面，在資本主義生產方式初期，剛剛脫離了小生產地位的工人群眾和小生產者，都是從自己的經濟地位出發去設想未來社會的，其自發要求就是消滅貧富不均，消滅不平等。因此，在生產力水平低下，小生產者大量存在的條件下，平均主義分配方式便產生了，並對後來的空想社會主義

---

① 摩萊里. 自然法典 [M]. 黃建華，姜亞洲，譯. 北京：商務印書館，1982：109.

② 摩萊里. 自然法典 [M]. 黃建華，姜亞洲，譯. 北京：商務印書館，1982：22-23.

③ 巴貝夫. 巴貝夫文選 [M]. 梅溪，譯. 北京：商務印書館，1962：88-89.

者產生了一定的影響，平均主義思潮一直影響至今。

19世紀是空想社會主義發展史上的鼎盛時期。這時的法國自1789年大革命後，資產階級終於戰勝了封建貴族，建立了自己的統治地位，而在英國則已基本上完成了產業革命。因此，資本主義制度已在西歐主要國家確立，資本主義生產方式也已由工場手工業進入現代機器大生產階段。隨著封建關係的解體和階級關係的簡單化，資產階級和無產階級的階級矛盾迅速上升為社會的主要矛盾。資本主義的這種發展和變化，為資產階級帶來了統治權力和巨大利潤，卻使無產階級和其他勞動人民的生活處境比封建時代更為痛苦，整個社會呈現出極其荒謬的畫面：在一極是資本家所佔有的資本和財富的累積，在另一極則是工人貧窮的累積。在這樣的歷史條件下，以聖西門、傅立葉和歐文為代表的近代空想社會主義者便產生了。

聖西門、傅立葉和歐文的思想體系，是對16~18世紀空想社會主義思想的繼承和發展；但是它們既不像早期空想社會主義那樣單純地描繪理想的社會制度，也不像18世紀空想社會主義那樣極力頌揚平均主義和禁慾主義，而是已經把空想社會主義理論提到了新的高度，提到了為馬克思主義做準備的高度。三大空想家按勞分配思想的萌芽，是馬克思主義按勞分配理論的直接來源。

法國著名空想社會主義者聖西門最早提出了按勞分配的想法。他長期考察了法國革命後的社會矛盾，看到了革命雖然使勞動群眾擺脫了封建桎梏，但他們嚮往的理性社會並沒有實現，廣大的勞動群眾過著痛苦和貧困的生活。從19世紀初開始，他逐漸形成了空想社會主義思想，反應了法國無產者及其他勞動者對這個革命的失望和對未來的憧憬。

聖西門的著作很多，其中在空想社會主義方面有影響的主要有：《論實業制度》（1821年）、《實業家問答》（1823—1824

年）和《新基督教》（1825年）等。在這些著作中，他設想了一種未來的理想制度即實業制度，在這種社會制度下，每個公民都將自然地去做他的能力最擅長的工作，個人消費品的分配實行「各按其能」、「各按其勞」的原則，這已經體現出他對「各盡所能、按勞分配」原則的探索。聖西門晚年有了幾百名信徒和學生，他們在集體編寫的著名講義《聖西門學說釋義》及其他著作中，根據聖西門的按才能分配的思想，引申出了「按能力計報酬，按工效定能力」的原則。他們認為，在每個人的勞動能力不等的情況下付給相等的報酬，這是不公平的。只有報酬不等，對勞動才有鼓勵作用，才能使每個人的能力都充分發揮出來。因此，他們主張按能力計報酬的分配原則。這裡第一次比較明確地表述了按勞分配思想。

聖西門派的「按能力計報酬」思想，是建立在亞當·斯密的勞動價值論的基礎上的。聖西門及其門徒根據斯密「勞動是一切財富的源泉」這一原理做出結論說：第一，人人都應當勞動；第二，勞動者應該享受自己的勞動成果；第三，要使勞動者能享受到自己的勞動成果，必須按勞動計報酬。

法國空想社會主義者傅立葉與聖西門同時代，但他的分配思想卻獨具特色。在對資本主義制度進行批判的基礎上，他設想了一種理想制度叫「和諧社會」，其基礎單位是「法郎吉」。他很重視和諧制度下的產品分配問題，認為「整個協作結構就是建立在這個問題的解決上的」①；如果解決不好，法郎吉就會解體。在他看來，公正的、和諧的分配方式，「使每個人都能按照他的三種生產資料——勞動、資本和才能而獲得滿意的報

---

① 傅立葉. 傅立葉選集：第3卷 [M]. 龐龍, 等, 譯. 北京：商務印書館, 1964：343.

酬」①。因此在產品的分配中，首先要扣除維持全體成員生存所需要的部分，其餘則按下述比例分配：勞動占 5/12，資本占 4/12，才能占 3/12。他認為按照這種比例進行分配，既可以鼓勵資本家積極向法郎吉投資，從而增加法郎吉的物質力量；又可以激發廣大勞動者的勞動積極性，使他們逐漸有所積蓄，變成有產者；同時也能鼓勵人們充分發揮其才能，為法郎吉的發展服務。儘管傅立葉的分配思想中有不徹底的地方，但他已經開始把勞動作為未來社會分配產品的依據，這在按勞分配思想的形成過程中是有積極意義的。

歐文是 19 世紀初英國偉大的空想社會主義者，比起同時代的聖西門和傅立葉，大大前進了一步，已明確提出了消滅資本主義私有制的要求。他關於分配問題的觀點是建立在李嘉圖勞動價值論的基礎上的，並進一步認為：既然價值是勞動創造的，勞動是財富的源泉，那麼，財富或者說全部勞動產品就應當歸創造它的勞動者所有。在他設計的未來理想社會的藍圖中，消費品按照社會成員的需要分配。他說：「這種社會的成員將通過簡易、正常、健康和合理的工作，生產出滿足其消費品慾望還有餘的為數極多的剩餘產品，因此，可以讓每個人都隨便到公社的總倉庫去領取他所要領的任何物品。」② 歐文認為，要實現這種理想社會制度，還必須有一個過渡階段，因此他提出了勞動公平交換市場的方案並將其付諸實踐。在這個市場中，用勞動券取代貨幣，生產者憑券可向市場領取等價的其他產品。馬克思說：歐文的「勞動券只是證明生產者個人參與共同勞動的

---

① 傅立葉. 傅立葉選集：第 4 卷 [M]. 冀甫，譯. 北京：商務印書館，1964：9.

② 歐文. 歐文選集（上卷）[M]. 柯象峰，等，譯. 北京：商務印書館，1965：347.

份額，以及他個人在供消費的那部分共同產品中應得的份額」①。這就是說，歐文的「勞動券」實際上已不是貨幣，而是在勞動者中間進行「按勞分配」的一種憑證。在這裡已經包含有按勞分配的思想因素。但他始終沒有明確表述過這個觀點，而是由他的學生約翰·勃雷等人發展了這一思想，並正式提出了「按勞分配」的分配原則。

　　勃雷是一位工人出身的空想社會主義者，其主要著作《對勞動的迫害及其救治方案》（1839）被馬克思稱為「出色的著作」②。在這本書中，勃雷激烈地抨擊資本主義私有制度，並提出自己的救治方案：「徹底摧毀現實的社會制度，而代之以更符合公平和人類理性原則的制度。」③ 他認為從資本主義到徹底的共產主義之間有一個過渡階段——合股社會制度。在這個社會制度下所貫徹的分配原則是：「個人的勞動將成為他的所得和所失的唯一決定因素」④，「等量的勞動應該得到相等的報酬」⑤ 以及「按勞取酬」⑥ 等，並把這種分配原則叫做「按勞分配」⑦。到此為止，勃雷在空想社會主義史上第一次提出了「按勞分配」的概念。雖然這個概念和後來馬克思所表述的科學的按勞分配概念的含義不同，但這仍然是一個進步。他把按勞分配的思想

---

① 馬克思恩格斯全集：第23卷［M］. 北京：人民出版社，1958：113.
② 馬克思恩格斯全集：第23卷［M］. 北京：人民出版社，1958：110.
③ 勃雷. 對勞動的迫害及其救治方案［M］. 袁賢能，譯. 北京：生活·讀書·新知三聯書店，1958：17.
④ 勃雷. 對勞動的迫害及其救治方案［M］. 袁賢能，譯. 北京：生活·讀書·新知三聯書店，1958：172.
⑤ 勃雷. 對勞動的迫害及其救治方案［M］. 袁賢能，譯. 北京：生活·讀書·新知三聯書店，1958：214.
⑥ 勃雷. 對勞動的迫害及其救治方案［M］. 袁賢能，譯. 北京：生活·讀書·新知三聯書店，1958：172.
⑦ 勃雷. 對勞動的迫害及其救治方案［M］. 袁賢能，譯. 北京：生活·讀書·新知三聯書店，1958：171.

建立在古典經濟學的勞動價值論基礎上，這使他的論述比他的前輩更為深刻，並清除了資產階級的影響。

綜上所述，19世紀初的空想社會主義者們都對未來社會的分配方式做了探索，其中也不乏具有天才的猜測，因而給後人以啓迪。但是總的來說，卻是空想的缺乏科學依據的，是不能實現的。聖西門和傅立葉不主張廢除資本主義私有制，在他們的分配方案中還保存了剝削收入。歐文和勃雷雖然反對私有制，但同樣是不現實的，如歐文想在資本主義無組織生產的基礎上開設他的「勞動公平交換市場」，在資本主義商品生產的前提下建立有組織的交換，這顯然是不現實的。而勃雷在分析勞動時只看到勞動的數量方面，卻忽視了質量方面，更沒有考慮複雜勞動和簡單勞動的換算，這也是不科學的。馬克思指出：他們的分配思想，儘管「有十分虛幻和空想的性質，但他們終究是屬於一切時代最偉大的智士之列⋯⋯他們天才地預示了我們現在已經科學地證明了其正確性的無數真理」①。馬克思和恩格斯批判地接受了空想社會主義的這些「天才的預示」，並給予科學的論證和徹底的改造，在這些重要思想材料的基礎上，形成了科學的按勞分配原理。

(二) 馬克思按勞分配學說的形成

馬克思主義創始人對按勞分配的認識有一個發展過程。從馬克思、恩格斯開始探討未來社會的分配方式問題到他們建立科學的按勞分配學說，中間經歷了近30年的時間，經歷了由不成熟到成熟、由不完善到完善的過程。這個過程是同馬克思主義的其他組成部分的形成和發展密切相關的。

19世紀40年代，是馬克思主義開始產生和形成的時期。這

---

① 馬克思恩格斯選集：第2卷 [M]. 北京：人民出版社，65：301.

時馬克思、恩格斯還未明確認識到共產主義社會自身發展的階段性；他們研究的是同資本主義生產方式相對立的成熟了的共產主義社會，並認為在共產主義社會中消費品將實行按需分配，還以這種觀點去批判、分析空想社會主義的分配學說。恩格斯在《大陸上社會改革運動的進展》（1848）一文中評論聖西門派的分配主張時曾說道：「他們的經濟學說也不是無懈可擊的；他們公社的每個社員分得的產品，首先是以他的工作量，其次是以他所表現的才能決定的。德國共產主義者白爾尼正確地批駁了這一點，他認為才能不該給以報酬，而應看作先天的優越條件，因此為了恢復平等，必須從有才能的人應得的產品中間扣除一部分。」①對於傅立葉主義，恩格斯也指出：它「還有一個而且是非常重要的一個不徹底的地方，就是它不主張廢除私有制。在傅立葉主義的法倫斯泰爾即協作社中，有富人和窮人，有資本家和工人……所得的收入按以下的方式分給社員：一部分作為勞動的報酬，另一部分作為對技藝和才能的報酬，再一部分作為資本的利潤。原來在關於協作和自由勞動的一切漂亮理論後面，在慷慨激昂地反對經商、反對自私和反對競爭的連篇累牘的長篇言論後面，實際上還是舊的經過改良的競爭制度，比較開明的囚禁窮人的巴士底獄」②。不久，在《德意志意識形態》（1845—1846）中，馬克思、恩格斯進一步表明了對分配的態度，認為：聖西門主義者關於「按能力計報酬，按工效定能力」的主張，「是要求通常的社會階級劃分」，如果和「新基督教」的宗教思想聯繫起來，就「必然導致對教階制及其最上層的承認」③。他們強調指出：「共產主義的最重要的不同於一切

---

① 馬克思恩格斯全集：第1卷［M］. 北京：人民出版社，1958：577.
② 馬克思恩格斯全集：第1卷［M］. 北京：人民出版社，1958：579.
③ 馬克思恩格斯全集：第3卷［M］. 北京：人民出版社，1958：597-598.

反動的社會主義的原則之一就是下面這個以研究人的本性為基礎的實際信念,即人們的頭腦和智力的差別,根本不應引起胃和肉體需要的差別;由此可見,按能力計報酬這個以我們目前的制度為基礎的不正確的原理應當——因為這個原理是僅就狹義的消費而言——變成『按需分配』這樣一個原理,換句話說:活動上,勞動上的差別不會引起在佔有和消費方面的任何不平等、任何特權。」①

可見,馬克思、恩格斯在19世紀40年代對空想社會主義的按勞分配思想是持否定態度的。原因在於:這一時期馬克思和恩格斯的科學社會主義理論還處於形成之中,作為這一理論的基石的唯物史觀剛剛建立起來,至於它的另一基礎——政治經濟學則才開始研究不久。在這一方面,他們只是取得了一些初步成果,全面工作尚未深入展開,因而對資本主義經濟規律尚未徹底揭示,對未來社會的經濟制度、對如何過渡到共產主義尚未進行更嚴格的科學探討。特別值得注意的是,這時他們還沒有形成關於共產主義兩個階段的原理;還不清楚理想的共產主義制度不可能在推翻資本主義之後立即實現,而必須有一個過渡時期,即必須經過一個低級階段或社會主義階段;因而還不瞭解適應這個階段的各方面特點,必須實行按勞分配,只有當條件成熟之後才能實現按需分配。因此,他們在批判空想社會主義者有缺陷的按勞分配原理時,未能把其中的合理因素提煉出來,並加以發展。

到了19世紀50年代,馬克思在恩格斯的大力支持下集中精力研究政治經濟學,對資本主義經濟運動規律進行了全面的深入的考察。在揭示了資本主義的本質,論證了資本主義的基本

---

① 馬克思恩格斯全集:第3卷 [M].北京:人民出版社,1958:637-638.

矛盾，創立了剩餘價值學說和闡明了社會主義革命的必然性之後，馬克思開始探索從資本主義到共產主義的過渡時期問題。與此相聯繫，他們更實際地研究了社會主義社會的分配問題。與空想社會主義者不同，馬克思不是離開社會生產孤立地研究分配問題，而是由生產引出分配，認為分配是由生產決定的。在《政治經濟學批判》的「導言」中，他指出：「分配的結構完全決定於生產的結構，分配本身就是生產的產物，不僅就對象說是如此，而且就形式說也是如此。就對象說，能分配的只是生產的成果；就形式說，參與生產的一定形式決定分配的特定形式，決定參與分配的形式。」① 馬克思的這個論斷，從根本上推倒了在此以前的關於分配問題的種種錯誤議論，把分配理論置於科學的基礎之上。

從生產決定分配的觀點出發，馬克思指出：在未來社會以生產資料公有制為基礎的集體生產中，「單個人的勞動一開始就已確定為社會勞動，因此，不論個人所生產的或他協助生產的產品具有怎樣的物質形態，他用他的勞動所買到的，不是某種特殊商品，而是他在集體生產中所應得的一定份額。」② 這就是說，馬克思認為在社會主義條件下，個人參加集體生產，生產者根據他所提供的勞動換取一定份額的消費品，以私有制為基礎的私人勞動和社會勞動的矛盾並不存在，個人對消費品的佔有份額不必通過交換價值而直接由他為社會提供的勞動決定。很顯然，馬克思在這裡已經描繪了按勞分配的一般輪廓，這是馬克思對按勞分配思想的最初表述。

十年以後，馬克思在《資本論》（1867）第一卷中進一步發

---

① 馬克思恩格斯全集：第46卷（上）[M]．北京：人民出版社，1958：32-33.

② 馬克思恩格斯全集：第46卷（上）[M]．北京：人民出版社，1958：119.

揮了對按勞分配的肯定意見。他說：「設想有一個自由人聯合體，他們用公共的生產資料進行勞動，並且自覺地把他們許多個人勞動力當作一個社會勞動力來使用……這個聯合體的總產品是社會的產品，這些產品的一部分重新用作生產資料。這一部分依舊是社會的。而另一部分則作為生活資料由聯合體成員消費。因此，這一部分要在他們之間進行分配，這種分配的方式會隨著社會生產機體本身的特殊方式和隨著生產者的相應的歷史發展程度而改變。僅僅為了同商品生產進行對比，我們假定，每個生產者在生活資料中得到的份額是由他的勞動時間決定的。這樣，勞動時間就會起雙重作用。勞動時間的社會的有計劃的分配調節著各種勞動職能同各種需要的適當的比例。另一方面，勞動時間又是計量生產者個人在共同勞動中所占份額的尺度，因而也是計量生產者個人在共同產品的個人消費部分中所占份額的尺度。」[1]

在這一段主要論述中，馬克思已經清楚地論述了按勞分配的基本原理。這既是對空想社會主義者關於按勞分配思想的合理因素的肯定和繼承，又同空想社會主義者的分配原則有了本質的區別。第一，馬克思已經明確指出總產品要分為兩個部分：生產資料和生活資料。生產資料部分由社會共同使用，而生活資料部分才由社會成員共同消費。這就不同於一些空想社會主義者籠統地談論分配，認為全部勞動產品都以某種形式分配給每個成員的觀點。馬克思已經明確指出這一分配是社會總產品扣除用於累積和擴大再生產部分之後的個人消費品的分配，這就有別於空想社會主義忽視社會累積和再生產的觀念。第二，馬克思首先強調了按勞分配只能在生產資料公有制的基礎上進行，因而克服了聖西門、傅立葉企圖在不觸動私有制條件下實

---

[1] 馬克思恩格斯全集：第 23 卷 [M]. 北京：人民出版社，1958：95.

行按勞分配的錯誤。第三，馬克思明確指出：消費品分配方式不是一成不變的，它會隨著生產方式的變化和人類歷史的發展而改變。這與空想社會主義者把分配方案看成永恆的、理想的分配制度截然不同。這一點十分重要，它表明馬克思當時已經考慮到即使在生產資料公有制的條件下，分配方式也不是自始至終都一個樣的，按勞分配並不是共產主義社會的唯一分配方式，而是它的一定階段的分配方式。它還從根本上說明了共產主義社會一定階段之所以實行按勞分配，是由當時的社會生產機體本身的特殊方式和生產者的相應的歷史發展程度決定的。這裡雖然還沒有提出共產主義兩個階段的理論，但已為它的發現鋪平了道路。

在《資本論》第二卷中，在論及貨幣資本的作用時，馬克思曾設想一個公有制的社會，也提到這個社會的個人消費品的分配形式問題。他說：「在社會公有的生產中，貨幣資本不再存在了。社會把勞動力和生產資料分配給不同的生產部門。生產者也許會得到紙的憑證，以此從社會的消費品儲備中取走一個與他們的勞動時間相等的量。」① 這裡雖然不是專門論述個人消費品分配問題，但可以看出他的按勞分配思想已經比較完整地形成了。這裡不僅堅持了他在《資本論》第一卷中提出的按勞動時間分配消費品的原則，還第一次提出了借助於紙的憑證的分配形式的問題。

在《資本論》第三卷中，馬克思專門用一章論述了分配關係和生產關係。在這裡，馬克思發揮了他在《政治經濟學批判》「導言」中提出的分配關係為生產關係所決定的思想，並且認為任何社會所創造的產品都有兩種分配，一種是滿足個人消費的分配，另一種是滿足社會一般需要的分配，這比第一卷中的分

---

① 馬克思恩格斯全集：第24卷 [M]. 北京：人民出版社，1958：397.

配思想又有所進步。

由此可見，19世紀50~60年代，馬克思在《資本論》中對未來社會個人消費品的分配已經做了科學的分析，從而為馬克思主義按勞分配學說的最終形成奠定了堅實的基礎。

馬克思關於按勞分配的思想，在其晚期的光輝著作《哥達綱領批判》中形成了完整的科學理論體系。在這裡，馬克思對共產主義社會總產品的分配做了全面的分析，在批判拉薩爾派的分配觀點的基礎上，全面論述了社會總產品分配的原理和個人消費品分配的原則。這比《政治經濟學批判》和《資本論》又有了重大進展。

拉薩爾派提出：「勞動所得應當不折不扣和按照平等的權利屬於一切成員」，應當「公平分配勞動所得」。馬克思對此進行了徹底的批判。他指出：在未來的共產主義社會中，社會總產品絕不可能不折不扣地分配給社會成員。在生產資料公有制條件下，每年生產的社會總產品在作為消費資料分配給社會成員之前，必須扣除一定數量的產品，以滿足如下幾個方面的需要：第一，補償已消費掉的生產資料，以維持簡單再生產；第二，擴大再生產的追加部分；第三，應付不幸事故及自然災害的後備基金或保險基金；此外還有國家（社會）行政管理費用及文教衛生費用，等等。馬克思說，只有扣除了上述這些部分之後，「才談得上集體中的個別生產者之間進行分配的那部分消費資料」[①]。拉薩爾的「不折不扣的勞動所得」，是違反社會經濟發展規律的。

在未來社會中，用於社會成員個人消費的產品將採取何種方式分配呢？正是為了對這個問題做出科學的回答，馬克思在《哥達綱領批判》中第一次明確地指出了共產主義社會形態包括

---

① 馬克思恩格斯選集：第3卷 [M]. 北京：人民出版社，1965：9-10.

成熟程度不同的兩個發展階段,即共產主義階段和社會主義階段。他認為社會主義社會「是剛剛從資本主義社會中產生出來的,因此,它在各方面,在經濟、道德和精神方面都還帶著它脫胎出來的那個舊社會的痕跡」①。因此,消費品的分配只能是:「每一個生產者,在做了各項扣除之後,從社會方面正好領回他給予社會的一切。」或者是:每個生產者「從社會儲存中領得和他所提供的勞動量相當的一份消費資料」②。這裡馬克思已經明確地規定了按勞分配的含義,雖然他並沒有使用「按勞分配」一詞。同時,馬克思還進一步指出了按勞分配原則的兩重性:一方面,「它不承認任何階級差別,因為每個人都像其他人一樣只是勞動者」,「生產者的權利是和他們提供的勞動成比例的,因此它是平等的,實現了勞動平等和分配平等,是迄今為止的最合理、最進步的分配制度」。另一方面,「這個平等的權利還仍然被限制在一個資產階級的框框裡」,因為「它默認不同等的個人天賦,因而也就默認不同等的工作能力是天然特權」。③加之所需撫養的人口也不相同,等等,這就必然形成勞動者之間的事實上的不平等。這是按勞分配的歷史局限性,在社會主義階段是不可避免的。不承認這種差別而按人口平均分配,就會陷入平均主義的泥潭。

接著,馬克思指出了由按勞分配過渡到按需分配的幾個條件。他說:在共產主義高級階段,社會生產力達到高度發達的水平,能夠生產出品種、數量都極為豐富的產品,但那時,社會成員將獲得全面發展,不僅舊的社會分工已經消滅,而且每個社會成員的體力、智力、才能都得到充分發展,而勞動已經

---

① 馬克思恩格斯選集:第3卷[M]. 北京:人民出版社,65:10.
② 馬克思恩格斯選集:第3卷[M]. 北京:人民出版社,65:10-11.
③ 馬克思恩格斯選集:第3卷[M]. 北京:人民出版社,65:11-12.

不僅僅是謀生的手段，而且勞動本身成了生活的第一需要。「只有在那個時候，才能完全超出資產階級法權的狹隘眼界，社會才能在自己的旗幟上寫上『各盡所能，按需分配』！」①

可見，在《哥達綱領批判》這部偉大著作中，馬克思對於科學的按勞分配理論所包括的一切重要之點都做了明確的、系統的論述。在這裡，馬克思首先提出了共產主義社會劃分為兩個階段的理論，並論述了它們的基本特徵，這就為進一步論證共產主義社會的分配關係提供了依據，為考察共產主義社會的分配方式的演變奠定了基礎。在這個重要理論前提下，馬克思提出了按勞分配學說，它包括以下幾個內容：第一，按勞分配是社會主義歷史階段中消費品的分配原則，因為這時雖然消滅了資本主義私有制，但還保留有舊社會的痕跡，勞動仍然是謀生手段，所以還必須實行按勞分配。第二，在社會主義階段，社會總產品中的生產資料要用於簡單再生產和擴大再生產，消費資料也不是全部都直接分給勞動者個人，其中的一部分要用於滿足社會的共同需要。第三，個人消費品在勞動者個人之間的分配，只能以勞動作為唯一的尺度，這是社會主義階段分配方式的性質。第四，實行按勞分配，必須承認勞動者個人在智力和體力上的差別。第五，由按勞分配過渡到按需分配必須具備若干條件。

在《哥達綱領批判》中，馬克思設想在社會主義階段，第一，已經建立了生產資料公有制，而且是全社會範圍的單一的全民所有制；第二，勞動者在全社會範圍內直接進行勞動交換，不存在商品貨幣關係。他說：「在一個集體的、以共同佔有生產資料為基礎的社會裡，生產者並不交換自己的產品，耗費在產品生產上的勞動，在這裡也不表現為這些產品的價值……個人

---

① 馬克思恩格斯選集：第 3 卷 [M]．北京：人民出版社，65：12.

的勞動不再經過迂迴曲折的道路，而是直接地作為總勞動的構成部分存在著。」① 在這樣的條件下，就可以在全社會範圍內統一按照勞動的質量和數量分配消費品，不受其他因素影響而且無論工業部門、農業部門，還是國民經濟其他部門，均一律如此。

　　1876 年，恩格斯在《反杜林論》一書中，首先批判了杜林在分配問題上的錯誤，發揮了馬克思關於生產決定分配的原理。他指出：「分配並不僅僅是生產和交換的消極的產物，它反過來又同樣地影響生產和交換。」② 杜林認為分配不是由生產來決定的，而是由純粹的意志行為來決定的。杜林從他的「勞動進行生產、暴力進行分配」的公式出發，斷言資本主義的罪惡根源就在於分配上的不平等，也就是指工人沒有獲得勞動的「全部價值」。因此他主張在他的未來的「經濟公社」裡實行「等量勞動和等量勞動相交換」，即用價值規律來實現「普遍的公平原則」。這實際上還是那個「不折不扣的勞動所得」的變種，其結果只能是全部產品被分光吃盡，使社會失去它最重要的進步職能——累積，並導致最後解體。所以恩格斯指出：「更壞的是：因為累積是社會的必需，而貨幣的保存是累積的適當形式，所以經濟公社的組織就直接要求社員去進行私人的累積，因而就導致它自身的崩潰。」③

　　恩格斯關於累積為社會所必需、社會不累積就必然崩潰等問題的闡述，是他對馬克思批判拉薩爾的「不折不扣的勞動所得」的重要補充。

　　恩格斯其次還批判了杜林的「一切勞動時間都是毫無例外

---

① 馬克思恩格斯選集：第 3 卷 [M]. 北京：人民出版社，1965：10.
② 恩格斯. 反杜林論 [M]. 北京：人民出版社，1970：146.
③ 恩格斯. 反杜林論 [M]. 北京：人民出版社，1970：297.

地和原則地完全等價」的荒謬觀點。杜林認為，每個人的任何一種勞動，甚至是任何一種活動，都是有效的，不管別人所生產的物品是多些還是少些，甚至偶然地絲毫沒有生產，都是有效的。因為任何行動，只要它花費時間和力量，都可以看成勞動的支出，這樣他的普遍的公平原則就在經濟上實現了。顯然，杜林宣揚的公平原則實際上就是平均主義。恩格斯分析批判了這種荒謬的平等觀，並從人類平等觀發展史中引出一個結論：「無產階級平等要求的實際內容都是消滅階級的要求。」①

在19世紀90年代，恩格斯在批判《柏林人民論壇報》關於「每個人的全部勞動產品歸自己」的錯誤看法時，進一步指出了分配方式並不是固定不變的。他說：「分配方式本質上畢竟要取決於所分配的產品的數量，而這個數量當然隨著生產和社會組織的進步而改變，從而分配方式也應當改變。」② 這裡恩格斯提出了一個重要觀點：在社會主義社會中，分配的具體形式會隨著生產的發展、產品數量的增加而改變。他進一步指出，應從以下兩個方面研究社會主義社會的分配問題：①設法發現將來憑以開始的分配方式；②盡力找出進一步的發展將賴以進行的總方向。這裡恩格斯更為具體地提出了從發展的觀點來研究未來社會的分配問題。

二、按勞分配學說在蘇聯、東歐國家的發展和演變

馬克思的按勞分配學說，如同他的其他學說一樣，並不是

---

① 恩格斯. 反杜林論 [M]. 北京：人民出版社，1970：104.
② 馬克思恩格斯全集：第37卷 [M]. 北京：人民出版社，1958：432.

僵化的教條，而是隨著社會主義的實踐不斷豐富和發展著的。自從十月革命後蘇聯建立起第一個社會主義國家以來，按勞分配學說從理論變成實踐，從那時起至20世紀90年代的70餘年間，幾乎所有的社會主義國家都實行按勞分配原則，並且在實踐中不斷探索，形成了各具特色的按勞分配制度，在不同程度上豐富和發展了馬克思主義的按勞分配學說，使之在理論和實踐上不斷深化、不斷進步。這個發展過程大致可分為三個時期：第一個時期（1917—1945年）是列寧、斯大林第一次把按勞分配原則付諸實踐的時期，第二個時期（1945—1962年）是歐亞大陸社會主義國家執行蘇聯有缺陷的按勞分配理論和模式的時期，第三個時期是20世紀60年代以來社會主義國家改革分配制度、按勞分配理論獲得新發展的時期。下面就分別對這幾個時期中按勞分配理論的發展做一些探討。

（一）列寧、斯大林的按勞分配理論

列寧在新的歷史時期，即帝國主義和無產階級革命時期，不僅全面繼承了馬克思主義的按勞分配學說，而且進一步具體地闡明了按勞分配原則的性質和意義，確定了它的具體內容，使馬克思主義的按勞分配學說發展到一個新階段。

列寧關於按勞分配的思想主要反應在《國家與革命》一書中。在這部著作中，列寧歷史地、辯證地分析了按勞分配原則，進一步闡述了社會主義實行按勞分配的必然性和合理性。他指出，共產主義的發展過程是：在共產主義第一階段只能消滅私人佔有生產資料這一不公平現象，卻不能立即消滅按勞而不是按需要分配消費品這一不公平現象。這是由社會主義階段的經濟條件和思想狀況決定的：一方面，單單推翻資產階級的統治還不能為實行按需分配創造經濟前提；另一方面，人們也不可能立即做到不要任何法權規範而自覺地為社會勞動，因此還必

須實行按勞分配。

列寧高度評價了無產階級在推翻資產階級的統治之後實行按勞分配的意義。他把按勞分配和生產資料公有制列為社會主義的兩大特徵。他說：「人類從資本主義只能直接過渡到社會主義，即過渡到生產資料公有和按勞分配。」① 列寧在社會主義思想史上第一次明確概括了按勞分配的社會主義的性質，把按勞分配確定為社會主義原則。

列寧具體分析了這個社會主義原則，並明確指出，這一原則包括兩個內容，即「不勞動者不得食」和「等量勞動領取等量產品」。列寧指出，按勞分配首先意味著「不勞動者不得食」，只有參加勞動才有參與消費品分配的權利，從而從根本上否定了剝削，消除了幾千年來獲者不勞、勞者不獲的不合理現象。這是建立無產階級專政和剝奪資產階級私人佔有生產資料的必然結果，是只有在社會主義制度下才能出現的新事物。其次，按勞分配意味著「等量勞動領取等量產品」。社會按照每個人的勞動分配消費品，這是一種平等的權利。無產階級專政的國家在保衛生產資料公有制的同時，還要保衛這種勞動的平等和產品分配的平等，使勞動者的收入和他們提供的勞動量成正比，把勞動成果和勞動報酬聯繫起來，才能夠調動廣大群眾的勞動積極性，比起以前的分配制度，它具有無比的優越性。列寧強調指出，「不勞動者不得食」是工人代表蘇維埃掌握政權後能夠實現而且一定要實現的最重要、最主要的根本原則②。在社會主義實踐中，「要徹底地無條件地實行『不勞動者不得食』的原則」③。

---

① 列寧選集：第 3 卷 [M]．北京：人民出版社，1995：62.
② 列寧選集：第 3 卷 [M]．北京：人民出版社，1995：315.
③ 列寧選集：第 3 卷 [M]．北京：人民出版社，1995：315.

在分析按勞分配的歷史作用上，列寧超過了馬克思，因為馬克思並未對此明確地進行過論述。在《哥達綱領批判》中，他只是說按勞分配不承認任何階級差別，是人類社會發展的必經階段。列寧不僅繼承了馬克思的這一思想，指出按勞分配是否定階級剝削的重大步驟，而且肯定按勞分配是社會主義時期發展生產、提高勞動生產率、對付資產階級和小資產階級反抗以及最終消滅階級的強有力手段。

關於按勞分配的具體形式問題，馬克思沒有解決，當時也不具備解決這個問題的條件。列寧在實踐中首先碰到了這個問題，也首先解答了這個問題。他經過反覆試驗，初步確定了貫徹按勞分配原則的具體形式和制度。社會主義的實踐證明，在推翻資本主義制度後，社會主義社會的發展不可能很快達到馬克思所預計的高度，在相當長的時期內，生產資料公有制不是唯一的所有制形式，並且還存在商品和貨幣關係。在這個條件下，列寧提出了貨幣工資制。他認為，工資的形式，雖然在資本主義社會就已普遍存在，但在社會主義制度下仍然可以採用。列寧特別強調工資和勞動成果之間的聯繫，他認為，一切勞動，一切經濟活動，都應該根據經濟效果來評價，就是政治教育的好壞，也「只有用經濟狀況的改善來衡量」[①]。因此，工資、獎金一定要同產品、勞動生產率、營業額、利潤額等勞動成果、經營成果相適應。除此以外，列寧還特別強調要對熟練勞動付給較高的工資。

斯大林在理論上和實踐上繼承和捍衛了馬克思列寧主義，對按勞分配原則在社會主義思想史上的發展也做出了卓越貢獻。在理論上，斯大林一方面充分肯定了按勞分配的社會主義性質，強調這一原則在科學社會主義理論中的地位和意義，把按勞分

---

① 列寧全集：第33卷 [M]．北京：人民出版社，1984：60．

配原則視為「社會主義的公式」。他指出：「在階級還沒有徹底消滅的時候，在勞動還沒有從生存手段變為人們的第一需要，變成為社會謀福利的自願勞動的時候，人們將按照自己的勞動來領取工作報酬。各盡所能，按勞取酬——這就是馬克思主義的社會主義的公式，也就是共產主義的第一階段即共產主義社會的第一階段的公式。」① 另一方面，斯大林特別強調了平均主義對社會主義建設的危害性。他指出：「平均主義的根源是個體農民的思想方式，是平分一切財富的心理，是原始的農民的共產主義的心理。平均主義和馬克思主義的社會主義是毫無共同之處的。」② 他強調，必須消滅平均主義，堅持按勞分配，合理地規定工資，改善工人的生活條件。

在實踐中，斯大林提出「消滅工資制度中的平均主義」的口號，堅決與蘇聯20世紀30年代初工資制度中「左」的平均主義傾向做鬥爭，並把鬥爭的實質歸結為：「誰現在不顧熟練勞動和非熟練勞動之間的差別而根據平均主義的『原則』來規定工資等級制，誰就是離開了馬克思主義、離開了列寧主義。」③ 同時，斯大林還領導制定了蘇聯工人的八級工資制，採取了一系列貫徹按勞分配的原則的措施，從而有力地促進了當時蘇聯社會主義建設事業的迅速發展，捍衛和發展了按勞分配學說。但是，在實踐中也出現了一些問題，如經濟體制上過分強調集中，沒有強調把勞動成果、經營成果作為決定勞動報酬的依據，削弱了勞動量在分配中的作用，增大了主觀隨意性，並為特權滲入消費品分配開了綠燈等，這些都不能反應按勞分配的客觀要求，因而他的理論和實踐是有缺陷的。

---

① 斯大林全集：第13卷 [M]．北京：人民出版社，1956：105.
② 斯大林全集：第13卷 [M]．北京：人民出版社，1956：105.
③ 斯大林全集：第13卷 [M]．北京：人民出版社，1956：54.

（二）按勞分配學說在蘇聯、東歐社會主義國家的實踐和演變

第二次世界大戰結束後，歐亞大陸相繼建立起來的各個社會主義國家，在個人消費品的分配上，都主張實行按勞分配原則，其中絕大多數國家都學習和效仿蘇聯的模式，建立了由國家機構統一規定工資標準和等級工資制度。這種分配制度名為按勞分配，實際上存在不少問題。首先是分配權高度集中在國家手中，而廣大勞動者沒有真正行使當家做主、參與分配的權利。其次是分配中存在嚴重的平均主義、「吃大鍋飯」現象，多勞不能多得，因而挫傷了廣大職工的生產積極性，削弱了「按勞分配」的刺激作用。再次是長期忽視市場機制的作用，勞動者的收入同企業經營成果沒有必然的聯繫，出現了干與不干一個樣、干好干壞一個樣的現象，因而勞動者不關心自己的勞動成果，勞動生產率下降，經濟效益不高。這種情況成為這個時期所有社會主義國家的通病。最後是工資制度不合理，不能反應按勞分配的客觀要求。隨著社會主義生產力的發展，這些問題暴露得愈來愈明顯。這種高度集權的蘇聯經濟模式和所謂的按勞分配理論，使社會主義各國經濟發展失去了應有的活力。實踐證明，全面正確地理解按勞分配原則，改革分配制度，勢在必行。因此，從20世紀60年代以來，社會主義國家相繼進行了經濟體制改革，衝破了蘇聯僵化的經濟模式，對分配制度進行了程度不同的改革。

蘇聯與東歐國家的分配制度改革，有三種基本類型。第一種是蘇聯模式。它是在傳統的工資制度基礎上加以改進，著力於獎勵基金方面調整，加強活工資的刺激作用。但是改革並沒有放棄分配權高度集中這一最主要的特點。除蘇聯外，採取這種模式的還有羅馬尼亞、東德（民主德國）、捷克和波蘭等。第二種是南斯拉夫模式。它從根本上否定了傳統的蘇聯模式，在

企業自治條件下，收入分配權已經全部轉移到勞動者手裡，市場因素對個人收入起著明顯的調節作用。第三種是匈牙利模式。它是介於蘇聯模式和南斯拉夫模式之間的一種模式。這種分配模式，一方面，雖然保持計劃集中的一部分內容，卻不同於蘇聯的高度集中的計劃型；另一方面，雖然擁有相當大的收入分配自主權，並與市場因素有密切關係，但也不同於南斯拉夫的分散型。這三種分配模式，在其發展進程中各有特點，在實踐上各有利弊，在改革的深度上也各有差異。

南斯拉夫是最先改變傳統的分配模式的國家。隨著自治生產方式的建立和發展，分配方式也逐步進行了改革，從20世紀60年代初以來，南斯拉夫對工資制度進行了一系列重大改革，取消了原來的工資管理制度，而代之以個人收入分配制度。這種分配制度的最大特點就在於分配者和勞動者的結合，勞動者在分配上有較為充分的權利，職工個人收入同企業經營成果之間有最緊密的聯繫，企業經營的好壞對職工個人收入起決定性的影響，並且個人收入受市場、價格因素的調節。

匈牙利是繼南斯拉夫之後，在分配上實行重大改革的又一個國家，其特點是在不放棄國家直接控制的情況下，盡量擴大企業分配上的自主權。匈牙利當時的工資制度，是由國家根據具體情況，兼顧國家與企業的利益，採取刺激經濟的調節手段。這些調節手段主要有：①中央規定的絕對工資水平或絕對工資總額的調節手段；②相對工資水平調節手段；③相對工資總額調節手段等。這些調節手段，都與國家一定程度的調控分不開，卻大大擴大了企業在分配上的自主權，企業有權把經過各項扣除以後的剩餘利潤自行決定分配為發展基金和分紅基金以及確定它們之間的比例。匈牙利職工的工資分為基本工資和活工資兩大部分。基本工資部分由國家統一制定的行業工資表確定；活工資則取決於企業經營的好壞、取得利潤的多寡以及職工的

勞動貢獻。市場因素在職工收入分配中已經起著十分重要的作用。

　　1962年，赫魯曉夫在接受烏克蘭經濟學家利別爾曼的建議之後，在蘇聯進行了經濟體制改革，相應地在分配制度上也對傳統的分配模式做了一定程度的改進。它除了對工資制度進行調整和整頓外，還使企業的分配自主權有所擴大，即企業有權分配從企業利潤中提取的物質鼓勵基金。在1966年推行新經濟體制後，擴大了基層生產單位的經營管理權，把企業的物質利益同完成產品銷售額、利潤及其他指標情況掛起鈎來。但總的分配權依然由國家集中掌握。

　　在蘇共二十七大上，蘇共領導人確定蘇聯當時工資改革的方向和主要任務是克服平均主義，使工資最終取決於工作成果。新制定的工資改革方案已開始實行，大約7,500萬職工將根據新的勞動報酬條件領取工資。工資改革的基本原則是提高工資標準和職務工資，並擴大其差別，把規定工資、獎勵指標和勞動條件津貼的權力下放給企業。新的工人工資標準平均提高20%～25%，高級技術工人的工資標準則提高45%～50%。這次工資改革的前提條件是完全的經濟核算制和資金自籌制的經營機制。在統一技術等級標準的範圍內，企業有權規定工人的工資等級，規定勞動條件津貼。獎金要由基層單位「自己掙得」，而後由單位「自行分配」。

　　從蘇聯、東歐社會主義國家貫徹按勞分配原則的實踐中，我們可以看到，馬克思主義按勞分配理論在以下幾個方面得到了發展：

　　第一，馬克思當初設想，在未來的社會主義社會中，按勞分配將在單一的社會所有制下，在全社會範圍內得到統一實行。而社會主義發展的實踐證明，按勞分配也可以在社會主義多種所有制形式並存的情況下，在不同的社會主義所有制範圍內得

到實現。

　　第二，馬克思當初設想，在未來的社會主義社會中，將在產品經濟的基礎上建立社會主義的按勞分配制度。而社會主義發展的實踐證明，社會主義的按勞分配原則也可以在商品經濟的基礎上確立起來。

　　第三，馬克思當初設想，在未來的社會主義社會中，將通過記載著每個勞動者的勞動時數的「勞動券」來進行個人消費品的分配。而社會主義發展的實踐證明，通過記載著每個勞動者所付出的、在商品交換中為社會所承認的勞動量的「貨幣」形式，也可以進行個人消費品的分配。

　　第四，馬克思主義按勞分配學說發展的過程告訴我們，絕不能把馬克思關於按勞分配的理論看成不變的教條，而必須在實踐中不斷探索，不斷發展；也不能照搬別國的現成模式，而必須根據本國國情來正確運用。

第六章　超額利潤與社會淨剩餘分配

　　超額利潤的來源問題，在馬克思主義經濟學中有廣泛的討論。但是，超額利潤的產權歸屬及其變化，卻是一個有待研究的新問題。作為資本主義發展動態中的重要現象，超額利潤對經濟運動以及超額利潤產權歸屬的變化對收入分配結構都有著實質性的影響。研究這一問題的理論意義在於，企業的淨剩餘是馬克思主義經濟學沒有完全解決的問題①，根據資本家—利潤、工人—工資、土地—地租的分析模式可以揭示靜態經濟中的功能性分配，但難以揭示創新（新產品、新生產方法、新市場、新材料來源、新組織）和動態經濟②中分配格局的變化及其對經濟運行的影響。因此，本章試圖結合克拉克和熊彼特的理論，在馬克思主義經濟學的基礎上研究超額利潤的若干理論問題。

---

　　①　史正富. 勞動、價值和企業所有權——馬克思勞動價值論的現代拓展[J]. 經濟研究, 2002 (2).
　　②　這裡的「動態」和「靜態」的含義取至穆勒、克拉克和熊彼特的界定。按照熊彼特在《經濟發展理論》中提出的「靜態學」和「動態學」概念，靜態學處理的是既定結構內的靜態均衡（不排斥漸變），動態學處理的是「動態因素使靜態均衡受到干擾」以及由此產生的經濟過程。

一、超額利潤是經濟發展的普遍現象

　　研究經濟問題常常需要設計一個「理想狀態」作為「參照系」。像牛頓經典物理學中假定無摩擦的勻速直線運動和質點一樣，在經濟學中人們提出了「靜態經濟」的概念，來處理不發生經濟摩擦和結構性經濟變化的情況下理想的經濟運行狀態問題。所謂「靜態經濟」，在古典經濟學中經常用「自然狀態」「自然價格」等概念來表述，指的是經濟變量在完全競爭這一理想情況下的迴歸點，是一種制約經濟變動的內在機制，經濟運動有迴歸這種狀態的趨勢，與之相對應的則是「貧富、進步退步或停滯狀況」[①] 或者稱之為「經濟進步」「社會進步」，這種經濟變動對「普通率」和「自然率」產生長期影響。古典經濟學家約翰·穆勒在1848年出版的《政治經濟學原理——及其在社會哲學上的若干運用》一書中首次將這兩種經濟理論區分為政治經濟學的靜態理論和動態理論。美國經濟學家克拉克在1899年出版的名著《財富的分配》中明確地將經濟學劃分為三個自然的部分，研究在不同的部分中決定財富分配的原因。「第一部分包括財富的一般現象。凡是有關取得和使用財富的過程，不管在什麼社會條件下發生的，都屬於這個部分的研究範圍。第二部分包括靜態的社會經濟，它說明如果社會是有組織的，如果社會的組織形式和活動方式毫無變化，財富將會有什麼變動。第三部分包括動態的社會經濟，它說明由於社會的組織形

---

① 亞當·斯密. 國民財富的性質和原因的研究（上卷）[M]. 郭大力，王亞南，譯. 北京：商務印書館，2003：49.

式和活動方式不斷變化，社會財富和社會福利發生什麼變化。」①

克拉克的財富分配理論與熊彼特經濟發展理論有相當程度的一致性。第一，克拉克將利潤歸於企業家。企業家的職能是執行「純粹的調和工作」，「建立和維持各個生產因素間的有效聯繫，並使它們發揮作用」。這一論述類同於熊彼特對於企業家的描述，只不過熊彼特賦予企業家的職能是「執行新組合」，即企業家是組織生產要素將新的發明和新的發現首次付諸實現的人。企業家的職能是發現新的商機並在經濟上進行商業化運用。第二，克拉克將靜態經濟中財富分配和動態經濟中的財富分配分別進行論述，這與熊彼特將經濟過程區分為由一定環境制約的循環流轉狀態和經濟發展兩種情況是一致的。所不同的是克拉克將導致變動的因素歸結為人口增長、資本增加、生產方法改善、產業組織形式改變和消費者慾望的增長五個方面，而熊彼特將驅動經濟發展的動力歸結為企業家的創新行為，這種創新包括新產品、新生產方法、新市場、新材料來源和新的組織形式。經濟發展的本質就是企業家不斷地進行創新，打破原有的平衡狀態，推動經濟發生結構性變遷。

由於企業家職能界定的差異，克拉克關於分配中的利潤不同於熊彼特的企業家利潤。在克拉克的理論中，利潤是總收入扣除工資、利息（資本所得）後剩餘的部分。而在熊彼特的理論中，利潤專指由於企業家創新而產生的收入增加，實際上指的是超額利潤。根據熊彼特的論述，在一個經濟體中會不停地發生各種創新行為，其影響程度各不相同，現實的經濟運行總是發展著的，超額利潤是一個普遍的現象。因此，在靜態的循環流轉過程中，熊彼特是不考慮利潤和利息現象的，只有在存

---

① 克拉克. 財富的分配 [M]. 陳福生，陳振驊，譯. 北京：商務印書館，2014：29.

在創新的經濟中，才存在真正的利潤現象，而利息是企業家借入資本執行新組合所付出的代價。也就是說，在正常的不存在創新的企業中，管理層因從事管理勞動而獲得的收入在熊彼特看來並不是利潤，而是成本。由於經濟發展，超額利潤普遍存在，在企業中剩餘索取權的歸屬實際上就是企業家通過創新獲取超額利潤的過程。

二、超額利潤與社會淨剩餘

根據勞動價值論一元論，活勞動創造價值，但是各生產要素憑藉產權分配價值的前提性假定，我們將整個社會的生產部門分為常規部門和創新部門，將經濟分為靜態經濟和動態經濟，來分析動態經濟中創新部門所產生的超額利潤對於社會的淨剩餘和功能性分配的影響。

(一) 靜態經濟中的淨剩餘及其分配

在靜態經濟中，不存在創新，經濟處於嚴格的一般均衡狀態，這就是馬克思所描述的簡單再生產和（外延式）擴大再生產的情況。若不存在剩餘資本化，社會再生產的規模不變，經濟處於維持原有資本總量的狀態，其一般均衡條件是 I（V+C）= II C；若一部分剩餘轉化為投資，社會再生產的規模就會擴大，在資本主義條件下，過剩是經濟常態，投資的動力決定了剩餘資本化（累積）的比例和大小，考慮兩大部類的平衡情況，擴大再生產的一般均衡條件是兩大部類的生產不僅要滿足簡單再生產的需要，而且要滿足追加的生產資料和消費資料的需要。

靜態經濟中沒有創新，也就不存在超額利潤。假設社會總資本 W=C+V+m，社會的商業利潤、利息、地租分別為 u、i、

e，則淨剩餘 S=m-（u+i+e）①。淨剩餘是企業扣除成本之後剩下的部分，這部分剩餘的分配除了滿足政府部門稅收的要求權外，其餘部分為企業所有。根據企業產權制度的變化，特別是資本社會化（股權分散）和勞動資本化（人力資本產權）的情況，淨剩餘的產權歸屬主體越來越多，如股票持有者、資本經營者、企業管理者、企業家、發明家、員工等都可分享企業的淨剩餘。

（二）動態經濟中的超額利潤：兩部門模型

靜態經濟只是理想情況，現實經濟是運動的和發展的。企業家創新打破經濟均衡，推動經濟發生結構性變遷，是經濟發展的本質現象。從動態的角度看，資本家作為人格化的資本，所追求的並不僅僅是正常的利潤，處於常態化的一般利潤對於資本家來說，不僅無法抵禦外在的強制性的競爭壓力，而且無法滿足其內在的利潤要求，當一般利潤率處於不斷下降的趨勢時，這種外在的壓力和內在的動力就表現得尤其突出。作為矛盾展開的必然結果，資本主義經濟必須創造出新的改變原有狀態的力量，在熊彼特看來，這種力量就是創新以及對於超額利潤的追求，它們構成經濟發展和動態經濟的常態。

按照熊彼特的論述，經濟中的創新主要包括新產品、新生產方法、新的市場、新的材料來源和新的組織形式，這些不同的創新所造成的局面是企業生產的商品的市場價格高於其內在的價值。就新產品而言，企業家將一種發明運用於生產，生產一種新的產品，這種產品在創新擴散至一般均衡狀態的過程中，社會認可的價格將長期高於其內在的價值。在沒有充分競爭的

---

① 史正富. 勞動、價值和企業所有權——馬克思勞動價值論的現代拓展[J]. 經濟研究，2002（2）.

情況下，創新企業就有壟斷勢力，由此就能夠在一定時期內獲取銷售價格與生產價格的差額。就生產方法的改進而言，個別企業相對於同一個生產部門提高了勞動生產率，其個別價值低於部門內的平均的社會價值，也就是說，這種產品的生產部門儘管處於一般均衡狀態之中，但是由於內部的生產方法的改進，個別企業的勞動生產率較高，單位商品價值較低，而社會認可的是部門的平均價值，率先改進生產方法的企業由此獲得的售賣價格與成本價格的差額就構成企業的超額利潤。其他三種情況可以用新產品和新生產方法的例子進行分析，因為資本主義創新的結果無非就是勞動生產力提高以及分工的發展，由創新帶來的超額利潤都可以歸結為前述的兩種情況。

假定經濟中的常規部門的總價值量 $W_1 = C_1 + V_1 + m_1$，創新部門中的總價值量為 $W_2 = C_2 + V_2 + m_2$。若兩個部門都是單一產品，則 $P_1 = W_1$，$P_2 > W_2$。對於 P_2 的數值，存在兩種情況：在新產品的情況下，P_2 主要取決於社會對於新產品的需求，新產品的市場生產價格大於個別生產價格，超額利潤表現為一種「技術租金」，與轉化為級差地租的超額利潤（虛假的社會價值）一樣，這種超額利潤是以市場的「結構性稀缺」為前提的①；在某一部門內部個別企業改進生產方法的情況下，個別價值 $< P_2 <$ 社會價值。考慮一般均衡的情況，也就是兩個部門的商品按照成本價格和平均利潤率來定價，可計算平均利潤率 $r^* = (m_1 + m_2) / (C_1 + V_1 + C_2 + V_2)$，於是兩部門的生產價格分別為 $P_1^* = (C_1 + V_1)(1 + r^*)$，$P_2^* = (C_2 + V_2)(1 + r^*)$。

（1）若 $r^* > m_2 / (C_2 + V_2)$，則 $P_2^* > W_2$。圖 6-1 模擬了創新部門逐漸進入一般均衡狀態的過程。在 t_1 時企業生產了新產品或者改進了生產方法，其市場價格 P_2 高於內在價值 W_2，企業獲

---

① 孟捷. 技術創新與超額利潤的來源 [J]. 中國社會科學，2005 (5).

得高於正常利潤的超額利潤。由於部門內和部門間的競爭，市場價值逐漸向其內在價值迴歸，在兩部門的條件下，企業的市場價格並沒有完全迴歸到內在價值，而是在生產價格 P_2^* 就停下來。曲線 EF 代表了商品的市場價格向生產價格衰減的過程，也就是創新部門打破均衡狀態並再次迴歸一般均衡的過程。曲線 EF 與 P_2^* 構成的面積代表了創新部門獲得的超額利潤，它小於商品的市場價格完全迴歸內在價值 W_2 的部分，P_2^* 與 W_2 之間的價值損失為常規部門所得，這說明創新所導致的市場價格高於內在價值的部分在常規部門和創新部門之間共同分享。

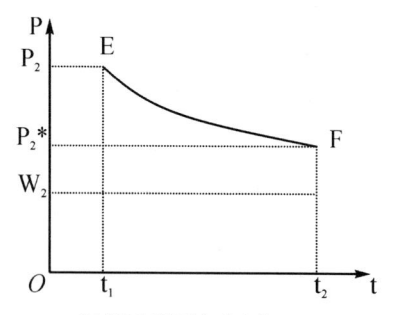

圖 6-1　超額利潤的衰減（$P_2^* > W_2$）

（2）若 $r^* < m_2 / (C_2 + V_2)$，則 $P_2^* < W_2$。如圖 6-2 所示，這時商品的市場價格 P_2 下降到低於內在價值 W_2 的水平，一直持續到生產價格 P_2^* 為止，曲線 EF 與 P_2^* 構成的面積代表了創新部門獲得的超額利潤。可以看到這部分超額利潤不僅包含了市場價格大於內在價值的部分，而且還有一個淨增加，增加的部分來源於常規部門的價值轉移，這說明創新部門的超額利潤不僅來源於本部門內部，也來源於其他部門的價值轉移，因此用單一部門來解釋超額利潤的來源是有局限性的。

图6-2 超额利润的衰减（$P_2^* < W_2$）

（3）若 $r^* = m_2 / (C_2 + V_2)$，则 $P_2^* = W_2$。如图6-3所示，在這種臨界狀態下，創新部門利潤率平均化之後的市場價格 P_2 與內在價值 W_2 相等，超額利潤的衰減不會對兩部門的價值量產生影響。這種情況適合於馬克思所考察的僅有創新部門的案例，但這裡 P_2 與 W_2（或 P_2^*）之間的差額（曲線 EQ 與 P_2^* 之間的面積）究竟是來源於自乘的簡單勞動或複雜勞動，還是其他部門剩餘價值的轉移，在馬克思主義經濟學內部存在分歧。我們認為，無論新產品、新生產方法還是級差地租中的虛假的社會價值，都是一種「客觀存在的社會價值」，它來源於較高生產率的勞動「通過自乘的勞動，還原為較多的社會價值」①。所不同的是，通過新產品而獲得的超額利潤以新產品剛問世時的「結構性稀缺」為前提②，由於相對稀缺性，社會認可的市場價格水平主要取決於需求，新產品具有市場勢力，市場價格類似於壟斷價格，高於其內在價值或者生產價格，所以創新企業的勞動被放大為更多的社會價值，也就是說創新企業的勞動生產率是相對於零而言的，這種勞動能夠通過自乘而還原為多少社會價值完全取決於社會的需求，產品創新的成功與否完全是由市場

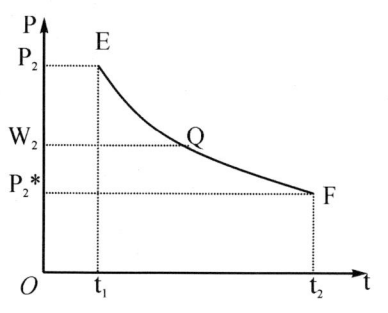

---

① 陳徵. 有關虛假的社會價值的幾個爭論問題［J］. 學術月刊，1984（12）.

② 孟捷. 技術創新與超額利潤的來源［J］. 中國社會科學，2005（5）.

決定的。

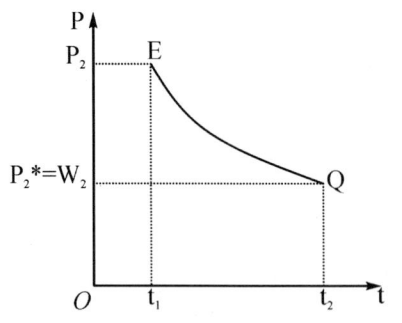

图 6-3 超額利潤的衰減（$P_2* = W_2$）

　　就改進生產方法而言，創新企業的勞動生產力提高，但起初它並沒有改變整個部門的社會價值，商品的社會評價沒有變，企業的勞動由於新的生產方法導致的勞動生產率提高而被放大，例如，原來 1 個小時平均勞動生產 12 件產品，現在 1 小時生產 24 件產品，勞動被放大為原來的 2 倍。生產方法的改變使勞動具有不同的性質，在進行創新的企業裡即使勞動的操作和強度與原來一樣，甚至變得更為簡單和輕鬆（如去技能化），勞動的性質在生產方法改變前後也是不同的，同樣 1 個小時的勞動根據勞動生產率的不同而取得了不同的社會評價。這種對不同生產率的勞動進行同一社會價值認定的機制是競爭的動力來源之一，而競爭的結果卻使社會價值向具有較高生產率的企業靠近，並最終消滅勞動的差異性。

　　農業中的超額利潤轉化為級差地租是前面兩種情況的綜合。不同於工業中社會生產價格的決定，由於土地經營權的壟斷，優等地和中等地無法滿足社會的需要，劣等地被投入使用，劣等地的個別生產價格決定了社會生產價格。而在優等地和中等地耕種的勞動具有較高的勞動生產率，是不同性質的勞動，相當於自乘的或多倍的劣等地的勞動。這種情況產生的「虛假的社會價值」，是以農業土地經營權的壟斷所導致的「結構性稀

缺」為前提的，其來源也同樣是優等地和中等地中具有較高生產率的勞動的性質，而不是從其他生產部門轉移了價值。

(三) 創新隨時間的變化與超額利潤的持續性

社會中的創新具有隨機性，創新的部門是不確定的，在每一段時間內不同的生產部門都會發生大小不等的創新，一個創新的衰減過程還沒有完成，另一個創新又開始了。另外，各種不同形式的創新是廣泛存在的，每一個企業都希望能夠發現別人沒有採用的「商機」以獲取更多的利潤，所以平均來看整個社會裡的超額利潤能夠長期維持一定的水平。在引入了創新的動態經濟中，淨剩餘就不僅是 $S=m-(u+i+e)$，而必須將超額利潤加入到 S 中去。假定社會裡的超額利潤為 Δm，那麼淨剩餘就變為 $S'=m+\Delta m-(u+i+e)$。經過擴展後的淨剩餘，包含了熊彼特所稱的經濟發展中的「利潤」Δm，也就是馬克思主義經濟學中所說的「超額利潤」。由於動態經濟引入了創新，企業家職能就從全能型資本家的職能中分離出來，成為接受超額利潤的主體。隨著資本家職能的進一步分化，資本經營者作為資本所有者與企業家之間的仲介，成為分享超額利潤的又一主體。

三、超額利潤的產權歸屬：理論和實際的變化

資本主義制度內在地具有激發創新的功能，創新是資本主義佔有規律的歷史合法性基礎。如果說，創新普遍存在，超額利潤是一個普遍現象，那麼超額利潤的產權歸屬就是一個隨著產權制度的演進而不斷變化的歷史過程。

（一）全能型資本家

在馬克思的論述中，資本家的職能是四位一體的，包括資本所有者、資本經營者、企業管理者和企業家（熊彼特意義上的）的職能。這是工業資本主義業主制企業的典型特徵。在這種企業中，活勞動所創造的剩餘價值被不同要素的所有者依據所有權進行分割，包括商業利潤、利息、地租、稅收，扣除這些項目之後剩下的部分（企業淨剩餘）為資本家所有。因創新而產生的超額利潤，不管是來源於勞動的複雜程度提高，還是來源於其他部門的剩餘價值轉移，都被執行四位一體職能的資本家佔有了。超額利潤的產權歸屬問題，並沒有在馬克思的視野中得到理論分析，因為馬克思研究資本主義經濟問題所處的時代是自由競爭資本主義時期，資本家的職能是多方面的，專業化分工還不明顯，企業內部的產權分割並沒有達到今天這樣的程度。

（二）管理者職能

克拉克所論及的分配是資本所有權和企業管理權分離後企業淨剩餘索取權的分割方式：勞動工資、資本利息和企業家（執行調和工作）利潤。這裡的企業家還沒有進一步分化，它兼有資本經營者、企業管理者和熊彼特意義上的創新職能。在現代經濟學中，根據克拉克的邊際生產力分配理論，常常將企業家才能作為一種獨立的生產要素參與分配。由於發明而產生的超額利潤，克拉克認為會給企業家帶來利潤，但這個利潤是不能經常保持的，隨著創新的社會擴散，利潤會分佈到整個社會，超額利潤消失。

(三) 企業家職能

熊彼特的經濟發展理論僅僅關注的是企業家創新及其產生的超額利潤問題，從而在克拉克分配理論的基礎上將企業家的創新職能獨立出來。這與一些學者提出的「創業家的職業化」[1]概念在含義上是完全一致的。在這裡，發現商機、創建企業的人既不是資本所有者和資本經營者，也不承擔企業管理的職責，他的目標僅僅是發現機會、進行資源整合。由於這種個人化的企業家職能在資本主義發展過程中，逐漸被大公司的戰略研究部門和研發部門所取代，20世紀40年代熊彼特在《資本主義、社會主義與民主》一書中指出，在慾望近乎得到滿足的大眾消費社會，試圖冒險追求利潤的企業家精神將會處於飽和狀態，同時企業家個人的創新將會被專家集團有計劃地創造出來，企業家機能將逐漸喪失。由於企業家不屬於社會階級，但是一旦創新成功後，他就加入資產階級，資產階級只有依賴企業家的創新才能維持其社會發展，企業家機能的喪失將迫使資本主義走向衰落。

(四) 資本經營職能

隨著產權結構的分化，資本所有者承擔的資本經營的職能逐漸從原有的四位一體職能中獨立出來。擁有資本的人並不承擔經營資本的任務，這種資本家功能的進一步分化被稱為「資本革命」，它與前面所說的所有權與控制權分離的「管理革命」在歷史上具有同等重要的歷史作用。這意味著在資本主義發展過程中，資本所有者和企業家之間出現了一個仲介領域，這個

---

[1] 史正富. 勞動、價值和企業所有權——馬克思勞動價值論的現代拓展 [J]. 經濟研究, 2002 (2).

領域不擁有資本所有權，同時也不承擔運用資本組合生產要素的實體經濟職能，它的作用僅僅是為資本所有者管理資本、進行戰略投資和資本營運，它們構成了一個龐大的金融市場。在熊彼特的經濟發展理論中，企業家沒有資金，他進行創新活動，將人與物的力量組合起來以從事新的生產領域，需要向資金擁有者借入資金，這筆資金在熊彼特的定義裡面就是「資本」，它們發揮資本的功能，要求獲取「利息」，也就是說，只有在企業家的職能中才會出現資本和利息的現象，沒有創新的循環流轉狀態中，資本和利息現象都不存在。這個理論實際上已經預見到一個資本所有者與實體經濟中的企業家之間存在一個借貸市場。按照馬克思主義經濟學的話語，它意味著超額利潤將會在企業家與資本所有者之間進行分割。進一步地，隨著創新成為公司的常規性活動以及資本經營職能的獨立化，由創新帶來的超額利潤將會在資本所有者、資本經營者、企業家和技術專家之間分配，其分配比例的大小將依據公司內部權力結構的不同來確定。

四、超額利潤對利潤率的影響

在馬克思主義經濟學中，關於平均利潤率及其下降的規律都是以一般均衡狀態為前提的。平均利潤率的計算公式為 $r = m/(C+V)$，其數值大小取決於剩餘價值率和資本有機構成。這個公式是一種理想情況，可作為理論分析的參照系，經濟運行的過程會自然地向這種靜態迴歸。但是，現實的經濟還同時受到另外一種動態勢力的影響，這種勢力不斷地擾亂迴歸的趨勢，使非均衡成為一種常態。兩種勢力的相互作用使經濟處於發展和運動的過程中。靜態勢力是一種負反饋的力量，動態勢力是

一種正反饋的力量，單純的負反饋將使經濟運行處於簡單的重複或量的擴大，單純的正反饋將使經濟運行不斷地遠離平衡態而不受制約，兩種力量的結合才能保持經濟系統演化的穩定性。

對馬克思平均利潤率的公式進行擴展，研究動態經濟中利潤率的變化趨勢，可以將平均利潤率的公式寫成 $r' = (m + \Delta m)/(C+V)$。社會的平均利潤率不僅取決於一般均衡狀態下的剩餘價值率和資本有機構成，還取決於創新帶來的超額利潤的大小。超額利潤是一個隨著創新的範圍、速度和程度以及阻礙超額利潤衰減的各種力量的大小而不斷變化的量，依次可分為三種情況進行分析。

（1）創新的範圍和速度。一個社會中創新的範圍越廣，進行創新的速度越快，創新所吸引的社會資本就越多，W2 相對於 W1 的數額就越大，剩餘價值轉化為資本進行投資的動力越強，資本累積速度越快，經濟中的超額利潤就比較大，社會的利潤率較高。反之，如果社會中的創新不足，創新的範圍小、速度慢，大量的社會資本處於常規部門或閒置，超額利潤就比較低，累積的動力弱，社會的利潤率水平處於較低水平。

（2）創新的程度。創新可以分為漸進性創新（Incremental Innovation）和根本性創新（Radical Innovation）。漸進性創新對經濟發展的影響比較平穩，能夠產生較為穩定的超額利潤；根本性創新會對經濟結構產生重大影響，引起整個社會產業的變革。熊彼特的《經濟發展理論》關注的主要是根本性創新，新的組合「不是像人們依據一般的概率原理所期望的那樣，從時間上均勻分佈⋯⋯而是，如果一旦出現，那就會成組或成群地不連續地出現」，經濟發展「不是像一棵樹的生長那樣均勻地向

前發展,而是跳躍式地向前發展」①。在《經濟週期》和《資本主義、社會主義與民主》等書中,熊彼特進一步地將根本性創新與康德拉基耶夫週期聯繫起來,論證了經濟長波與基礎創新的關係,特別是三次產業革命與經濟長波的關係。根本性創新之所以能夠引起產業的變革,是因為根本性創新對關聯產業都會產生影響,一個創新會引起其他更多的創新,在一段時間內創新以「蜂聚」的形式出現。在歷史上,蒸汽機的出現和電的使用都是根本性創新的例子。根本性創新和創新的「蜂聚」效應將使社會的超額利潤 Δm 保持在極高的水平上,整個社會的利潤率水平因此而大幅度提高。

(3) 阻礙超額利潤衰減的力量。與前面分析的超額利潤衰減的理想情況不同,現實經濟中還存在著大量阻礙超額利潤衰減的因素,這些因素使競爭不充分,生產要素不能自由流動,實現創新的生產部門能夠長期維持超額利潤的存在。例如,對技術訣竅的保密使其他生產者無法模仿,通過經營權的壟斷使其他生產者無法進入,使用價格策略阻止其他生產者進入,申請專利維持一段時間內的壟斷地位,等等。由於這些因素的廣泛存在,大量的超額利潤並沒有隨著競爭而衰減,而是保持著一定的水平,社會中實際的平均利潤率水平總是高於理想情況下的平均利潤率水平。

馬克思的平均利潤率下降規律表明,在一般均衡的理想狀態下,平均利潤率隨著資本有機構成的提高而有不斷下降的趨勢。考慮創新和超額利潤變化的動態經濟,實際的利潤率水平會處於高於平均利潤率的波動狀態,當創新蜂聚時,利潤率達到高點,處於波峰,當創新頻率處於低點時,利潤率處於波谷。

---

① 約瑟夫·熊彼特:經濟發展理論——對於利潤、資本、信貸、利息和經濟週期的考察 [M]. 何畏,等,譯. 北京:商務印書館,1997:248-249.

在圖6-4中，曲線r'代表動態經濟中的利潤率狀態，r代表因資本有機構成提高而不斷下降的平均利潤率水平，二者之間為超額利潤在社會總的價值量中的比例。這說明，雖然靜態勢力對利潤率的變動起著重要的制約作用，但動態勢力卻對利潤率起著實際性的影響作用，現實中的利潤率是兩種勢力共同作用的結果。

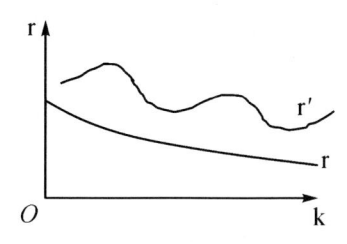

圖6-4 利潤率隨資本有機構成變化

五、結論與政策建議

將熊彼特意義上的創新引入馬克思主義經濟學是一項具有重要理論價值的工作。本章從超額利潤（與熊彼特經濟學的「利潤」概念相對應）的角度對馬克思主義經濟學進行擴展。借助於熊彼特的創新和「利潤」的概念，我們在馬克思主義經濟學的理論框架裡引入了由企業家創新帶來的「超額利潤」這個經濟變量，分析了在與一般均衡的靜態經濟不同的動態經濟中，超額利潤的衰減過程及其對企業淨剩餘和利潤率水平的影響，並根據現代企業產權制度的變化，分析了資本家職能的分化和超額利潤的產權歸屬問題。這個研究的基本前提是：我們認為馬克思的價值理論、社會資本再生產理論、利潤率平均化理論類似於一個一般均衡理論，按照克拉克、熊彼特等的劃分，這個理論是一個靜態的理論，是一種理想的情況，可作為分析的

參照系。實際的理論必須在這個靜態的系統中引入變化，這些變化包括創新，也包括一系列其他事件。在本章中我們主要處理的是企業家創新以及由創新帶來的超額利潤對經濟過程的影響，而將其他因素抽象掉了。

超額利潤是資本主義動態經濟中的重要現象，是一個不可忽視的研究領域，專門研究超額利潤對馬克思主義經濟學的發展具有重要的理論價值。我們將馬克思的有關理論確認為靜態，進而在此基礎上結合熊彼特經濟學研究推動經濟進步的創新活動對經濟運動的影響，從超額利潤的角度對經濟發展的一般情況進行了理論上的分析。研究結果表明，引入創新的動態經濟中，超額利潤的來源和分配問題都發生了顯著的變化，實際的利潤率不再表現為一個沒有時間框架的單一的持續下降狀態，而是一個隨著創新而不斷變化的波動過程。本章所闡明的主要觀點如下：

（1）在一個動態的經濟中廣泛存在著範圍、速度和程度不等的創新活動，基於這些創新活動所產生的超額利潤是經濟發展的普遍現象。一個發展著的經濟體中的淨剩餘不僅僅包括剩餘價值扣除商業利潤、借貸資本利息和地租的部分，還必須包括長期存在的超額利潤。

（2）受競爭的影響，超額利潤有向著社會中的平均利潤率水平不斷衰減的趨勢。在這個衰減過程中，根據創新部門與整個社會的理想狀態的利潤率水平的差異，超額利潤可以在常規部門之間轉移，創新部門的一部分超額利潤可以為常規部門所獲得，常規部門的剩餘也可能轉化為創新部門的超額利潤。

（3）在臨界狀態下，常規部門與創新部門不存在價值轉移，創新部門的市場價格衰減至內在價值和生產價格相等的那一點。在這種情況下，創新部門的超額利潤來源於產業內部不同企業的勞動生產率差異，生產率高的勞動相當於多倍的或自乘的低

生產率的勞動，它們都是客觀存在的社會價值。

（4）隨著現代產權制度的變化，馬克思所假定的「全能型資本家」的職能已經分化為資本所有者、資本經營者、企業家（熊彼特意義上的）和管理者四種不同的經濟職能，企業家通過創新活動獲得的超額利潤在技術專家（人力資本產權）、資本所有者、資本經營者、管理者之間進行分割。

（5）由於超額利潤的普遍存在，社會中的利潤率水平高於理想情況下的平均利潤率水平。在引入創新和超額利潤的動態經濟中，利潤率雖然受資本有機構成提高引致的平均利潤率下降趨勢的制約，但是超額利潤的變化對於利潤率水平起著更為實際的影響作用，兩種力量的共同作用決定了實際的利潤率波動狀態。

根據這些分析結論，我們嘗試提出以該結論為基礎的若干規範性的內容，揭示研究的政策內涵和現實意義：

（1）經濟過程是動態的，引起經濟變化的因素是多種多樣的，在這些大量的因素中，企業家的創新起主要作用，它建立了經濟發展的內在動力和平衡機制，這種動力來源於競爭以及對超額利潤的追求。因此，構建有利於企業家創新的制度環境對於一國經濟的發展具有重要的戰略意義。舒爾茨在《改造傳統農業》的著作中，詳細地分析了傳統農業社會處於靜止的均衡狀態的原因，認為引入新的生產要素特別是人力資本是打破長期貧困的主要力量，這種變革需要企業家的創新行為。

（2）由於超額利潤的普遍性，超額利潤對國民收入的分配產生重要的影響，構建一個有利於分配公平和經濟激勵的分配制度對創新發展是非常重要的。如何在資本所有者、資本經營者、企業家和技術專家之間分配創新所帶來的社會淨剩餘，將影響一國家的創新動力和長期增長潛力。

（3）通過創新獲得超額利潤是緩解一般利潤率下降的主要

因素，也是促進經濟結構性轉變的主要動力。當前中國正處於從傳統的經濟發展方式向新的經濟常態過渡的階段，大力實施創新驅動發展戰略，需要構建一個速度、結構和動力相互平衡的機制，需要維持一個有利於資本累積的利潤率水平，從而為實現經濟結構的轉型升級提供一個可持續的增長速度和穩定的發展空間。

第七章　剩餘價值與國民收入再分配

　　前面的分析主要是針對國民收入依據市場原則進行的初次分配，在理論上不考慮政府部門。在本章我們進一步放寬理論假定，考慮政府部門的經濟行為對剩餘價值分割和國民收入分配的影響。在自由競爭時期，亞當·斯密主張的小政府的主要經濟功能是保證人和物的自由，即保衛國家、建立公共工程和公共事業，政府部門對國民收入分配的影響不顯著。隨著資本主義發展階段性的進步和矛盾的加深，國家干預逐漸成為維持國民經濟運行的不可缺少的方面，政府部門通過稅收和財政支出對剩餘價值分配產生重要影響，成為決定最終國民收入分配的重要因素。

一、資本主義矛盾與政府的經濟功能

　　資本主義經濟是生產資料私有制基礎上的雇傭勞動制度和全面的交換體系。交換經濟的特點是，提供使用價值的人追求的是交換價值，需要使用價值的人必須通過交換價值來實現。商品作為使用價值和價值的對立統一體，其內在矛盾成為資本主義矛盾的起點。這一矛盾的解決是通過交換來實現的，由交

換帶來了一般等價物和貨幣，於是，價值的內在特性就表現為貨幣的外在性質，商品的內在矛盾就轉變為商品與貨幣之間的外在矛盾。資本主義經濟與一般的交換經濟的區別是貨幣的自我增值的能力。貨幣的增值看起來似乎與交換經濟的價值規律矛盾，實際上是由於雇傭勞動制度具有創造超出必要勞動的剩餘勞動的能力，價值是在生產過程中增值的。在這個意義上，馬克思將能夠帶來剩餘價值的價值（貨幣）稱為資本。投入經濟活動中且能夠帶來剩餘價值的貨幣是貨幣資本，貨幣資本是資本的貨幣形態，當這筆貨幣購買生產資料和勞動力後進入生產過程，貨幣資本就轉化為生產資本，最終生產出來的商品被稱為商品資本。商品資本不僅包含有購買生產資料和勞動力的價值，還包括勞動力新創造的超出必要勞動的價值。商品資本的出賣就是剩餘價值的實現，對資本家而言就是收回成本並獲取利潤的過程。資本主義是以勞動力成為買賣對象為起點的，它使交換關係延伸到人的勞動能力上面，造成了普遍的交換關係，一個人生產的商品完全不是由自己消費，而滿足自己消費的幾乎所有商品都是通過交換從市場上取得的，交換關係完全統治了人們的工作和生活，生產的社會化達到極致。馬克思認為，生產資料的私人佔有與交換關係的普遍化導致的社會化程度的極大提高是資本主義的基本矛盾：一方面，由於生產資料的資本主義佔有，追求剩餘價值成為資本的內在本性；另一方面，由於資本累積自然地具有造成兩極分化的必然趨勢，使人民群眾的有支付能力的消費需求不足。於是，就必然地會出現生產增長快於最終消費增長的局面，兩大部類之間的再生產平衡被打破，生產過剩與資本過剩並存，當這種過剩的壓力達到一定程度而未得到緩解時，就會發生經濟危機。

　　既然生產過剩成為資本主義的內生物，那麼隨著生產力的發展和資本有機構成的提高，迂迴生產程度不斷加深，生產資

料部類相對於消費資料部類的規模越來越大,生產與消費之間矛盾的調整就會越來越困難,兩大部類之間的再生產平衡的破壞和恢復就會越來越遲緩,由此導致危機的程度不斷加深。這種不斷加深的危機作為無產階級革命的前提性因素,存在於整個馬克思主義的理論架構中。危機提供了無產階級革命的環境,危機所造成的失業和貧困成為引發社會矛盾的導火線,每一次危機都會產生相應的革命思潮。20世紀30年代的大危機曾顯著地推進了由蘇聯開創的社會主義模式在世界各國的流行,以及廣大無產階級對於革命的期待,就是最好的證據。

資本主義如何對待危機呢?作為一種經濟制度,資本主義是一個具有彈性的有機體,具有系統性功能,能夠產生自發的反作用和負反饋調節,從而保持自身的穩定。隨著危機的日漸加深,資本主義廣泛地發展了政府部門,國家干預成為調節資本主義經濟的重要的經濟手段。馬克思主義者普遍地追隨列寧,將戰爭看成資本主義緩解危機的一種方式,看成資本主義內生的產物。同樣地,資本主義不能僅僅依靠這種破壞性適應來面對自己的矛盾,國家干預就成為一種面對危機的有效方式,它同樣也是資本主義固有矛盾的產物。

嚴格來說,國家干預在資本主義早期就已經存在了,這時的干預方式主要是法律干預。面對工人的罷工和鬥爭,資本主義政府發展出了對企業行為進行約束的各種法律措施,馬克思在《資本論》中詳細地描述了工場法的產生和發展及其隨著資本累積動態而發生的變化。國家干預的全面推行是20世紀30年代大危機之後,這時的干預方式主要是稅收和財政支出以及對信用貨幣的控制。凱恩斯出版於1936年的《就業、利息與貨幣通論》(簡稱《通論》)為這種實踐提供了理論證明。《通論》的核心思想是一國每年生產的總產品所產生的所有的收入都被購買這些總產品用完,收入劃分為用於消費的部分和用於儲蓄

的部分。當所產生的收入能夠用完時，儲蓄部分等於投資部分。如果用於儲蓄的部分不能夠被投資消耗，那麼就會出現有效需求不足的問題。凱恩斯認為，人們的心理規律決定了邊際消費傾向遞減、資本邊際效率遞減以及流動性偏好，經濟有自動地趨向於有效需求不足的趨勢，生產能力得不到充分利用是經濟常態，這就是所謂「通論」的含義。因此，必須通過國家干預以擴大有效需求。

國家干預的主要方式就是在有效需求不足、資源得不到充分利用時，擴大政府支出，增加貨幣發行量，這是現代資本主義國家的主要經濟功能。二戰結束後，資本主義大約經歷了30年發展的黃金時期，這主要是因為對戰爭所導致破壞的恢復以及凱恩斯主義政策的全面實施。20世紀70年代後，凱恩斯主義政策受到了經濟發展的限制，生產過剩的壓力逐漸大於擴張性政策的反作用，出現了經濟停滯和通貨膨脹並存的局面，凱恩斯主義成為導致經濟危機的主要原因並受到以貨幣主義為首的新自由主義學派的攻擊。80年代後，資本主義轉向了新自由主義的經濟政策，但凱恩斯主義的宏觀調控仍然是國家干預的重要組成部分。資本主義發展的事實證明，資本主義發展的每一個階段都有一個適應性的調整過程，不同的發展階段出現不同的調整方式。但只要資本主義基本矛盾沒有被消除，包括國家干預在內的各種反作用調節方式就不可能從根本上解決問題，抑制一種問題的手段會成為產生另一種問題的原因。

二、兩部門模型

根據馬克思關於社會的總價值量劃分為不變資本、可變資本和剩餘價值的定義，我們引入凱恩斯主義的國民收入與國民

支出恒等式，分析政府部門對於經濟增長和國民收入分配的影響。

（一）不考慮政府部門的收入支出恒等式

假定累積率為 a，資本有機構成 k 不變，消費支出為 C，投資支出為 I，可變資本為 V，剩餘價值為 M，按照馬克思的定義，可得：

Y＝C+I

C＝V+（1-a）M+（aM）／（1+k）

I＝（KaM）／（1+k）

上式中，可變資本即資本家用於購買勞動力而向工人支付的工資部分全部用於購買消費資料；資本家用於累積的部分，一部分轉化為追加工人的工資（aM）／（1+k），用於購買消費資料，另一部分用於購買追加的生產資料（KaM）／（1+k），按照凱恩斯的定義就是當年的投資支出。

（二）考慮政府部門的凱恩斯模型

假定政府對剩餘價值的稅率為 t，則財政收入為 tM。政府的財政支出可分為兩種形式：生產性支出和消費性支出。假設財政支出用於生產性部分的比例為 i，則生產性支出為 itM，消費性支出為（1-i）tM。若不考慮政府維持自身所需要的辦事人員的工資性收入，生產性支出和消費性支出主要用於提供公共產品、社會保障和各種社會福利支出，那麼政府部門進入社會資本再生產就相當於變相地提高了工人階級的生活水平。在這種情況下的收入支出平衡如下：

Y＝C+I+G

C＝V+（1-a）（1-t）M+［a（1-t）M］／（1+k）

I＝［Ka（1-t）M］／（1+k）

$$G = tM = itm + (1-i)\ tm$$

從上式可以看出，政府支出對於有效需求沒有影響，政府的稅收對於消費和投資的縮減恰好為政府的財政支出所彌補。這中間關鍵的要素是累積率，在均衡條件下，累積率高，則投資需求高，消費需求低；反之，則投資需求高，消費需求低。在非均衡條件下，消費需求決定於工人和資本家的消費需要，投資需求決定於資本家對於投資的預期，儲蓄和投資經常不相等，因此，國民收入僅取決於實際產生的消費需求和投資需求的大小，對於整個社會的不變資本而言，很可能得不到充分的利用。

(三) 信用創造條件下的政府支出

假如政府支出的來源不是通過稅收穫得的，而是通過借款獲得的，這就是政府部門通過信用創造來影響經濟增長。在這種條件下，政府支出對於整個社會而言，相當於沒有通過分割現有的社會價值而直接獲得社會的商品，它會直接導致整個再生產平衡的破壞，進而影響經濟增長和收入分配。

（1）若政府的借款主要用於生產性支出，它相當於對社會資本的淨增加，因而是一種強制性的儲蓄，從而有利於長期的經濟發展。與個別資本的累積不同，由於政府通過信用創造獲取借款，用於購買生產資料和勞動力，並生產社會公共的生產資料，在短期內會造成生產資料的價格上漲，並擴大了社會的消費能力，從而對消費資料的需求增加，加上生產資料向消費資料的價格傳導，將引起整個社會的通貨膨脹。對於領取固定工資的工人階級而言，通貨膨脹將導致不變資本所代表的使用價值大幅度地縮水，變相地使國民收入分配惡化。

（2）若政府的借款主要用於消費性支出，那麼首先引起消費資料的價格上漲，進而引起生產資料的價格上漲，整個社會

的利潤率水平上升，刺激生產，在生產資料的增長跟上消費需求後，整個社會恢復再生產平衡。與第一種情況一樣，它也會引起通貨膨脹，但第二種情況並不能立即引起再生產規模的擴大。

根據馬克思主義的基本理論，資本主義的基本矛盾將造成生產與消費之間的不平衡，生產的擴大與消費需求的相對縮小將限制資本累積的速度，生產能力的過剩成為經濟常態。在資源未得到充分利用的條件下，通過信用創造的手段增加政府支出，不僅不會引起通貨膨脹，而且能夠使未得到利用的生產資本得到利用。同樣地，在生產過剩的非均衡條件下，財政政策也能夠起到相同的作用，這是凱恩斯主義政策的適用範圍。

（四）政府部門對剩餘價值率的影響

我們知道，馬克思定義的剩餘價值率是衡量剝削程度的指標，表示的是剩餘價值與可變資本的比例，也就是工人在生產中創造的總價值在工人和資本家之間分配的比例，所以這個指標實際上也是一個衡量收入分配程度的指標：剩餘價值率上升，說明收入分配發生了更有利於資本方的變動；剩餘價值率下降，說明收入分配發生了更有利於勞動者的變動。

按照馬克思的邏輯，工人的工資（可變資本）主要用於維持勞動力再生產，政府不對這部分收入徵稅，則政府部門一方面可通過對剩餘價值的稅收穫得收入，另一方面通過生產性支出和消費性支出滿足社會的公共需要。假定政府支出中直接服務於勞動者福利的部分（如用於社會保障、對工人的轉移支付、直接對勞動者的各種收入補貼和消費性支出、為工人階級提供的公共福利、公務人員的再生產費用等）為消費性支出，這部分政府支出相當於直接提高了工人的實際工資水平，應當被看成是對兩大階級收入分配的改善。於是，加上政府部門對工人

實際收入水平的增加，工人的實際工資為（V+itM），資本家的實際所得為（1-t）M，於是整個社會的剩餘價值率的實際水平為：

$s' = (1-t)M/(V+itM)$

假設不考慮政府部門時的剩餘價值率 $s=M/V$，則上式可化簡為：

$s' = (1-t)s/(1+its)$

根據上面得出的公式，我們可以設定具體的數值進行模擬，以觀察稅率 t 和消費性支出比例 i 的變化對收入分配的具體影響。

（1）假定不考慮政府部門時的剩餘價值率為100%，即 s=100%，政府消費性支出的比例為60%，即 i=60%，那麼隨著政府稅率的變化，剩餘價值率的變化情況如下表7-1所示：

表7-1　　　　稅率變化對剩餘價值率的影響

t（%）	5	10	15	20	25	30	40	50
s'（%）	92.2	84.9	80	71.4	65.2	59.3	48.4	38.5

由表7-1可知，稅率的變化對整個社會的剩餘價值率發生了巨大的影響，提高政府對於剩餘價值的稅率，能夠顯著地降低社會的剩餘價值率，改善收入分配狀況。當稅率為5%時，社會的剩餘價值率水平相當於不考慮政府部門時的92.2%；當稅率為20%時，社會的剩餘價值率水平相當於不考慮政府部門時的71.4%；當稅率達到50%時，社會的剩餘價值率水平顯著地降低到38.5%的低水平。這一原理為現實情況提供瞭解釋：西方一些福利國家的稅率基本上達到了50%，這些國家的收入不平等程度是很低的。而一些發展中國家稅率在20%左右，政府對收入分配程度的調節是較少的，因而社會的剩餘價值率較高，平均利潤率處於較高水平。

（2）假定不考慮政府部門時的剩餘價值率為100%，即 s=100%，政府稅率為30%，即 t=30%，那麼隨著消費性支出比例的變化，剩餘價值率的變化情況如下表7-2所示：

表7-2　政府的消費性支出變化對剩餘價值率的影響

i（%）	20	30	40	50	60	70	80	90
s'（%）	66	64.2	62.5	60.9	59.3	57.9	56.5	55.1

由表7-2可以看出，政府的消費性支出也能夠影響剩餘價值率。當消費性支出占整個政府支出的20%的時候，社會的剩餘價值率為66%；當消費性支出占整個政府支出的50%時，社會的剩餘價值率為60.9%；當消費性支出為80%時，社會的剩餘價值率為56.5%。與稅率變化對剩餘價值的影響相比，政府消費性支出的變化的影響力較小，這說明稅收政策是影響國民收入分配的主要力量。皮凱蒂主張通過全球資本稅來抑制收入不平等，而這裡的結論顯示，徵收高額的資本所得稅也能起到顯著地降低收入不平等程度的作用。但是，對利潤徵稅的一個不好的地方在於，它降低了社會的平均利潤率水平，從而不利於短期內投資需求的增加，而且在生產過剩較為嚴重的時候，徵收利潤稅會導致更為嚴重的資本過剩，這時採用皮凱蒂的策略徵收資本稅，可能是一種更好的政策措施。

另外一個需要說明的情況是，政府的消費性支出常常是具有一定程度的剛性的，一旦政府的消費性支出達到一定水平，在經濟下行時縮減消費性支出就會遇到巨大的社會阻力，會遭到工人階級的激烈反抗。因此，我們可以看到，在當前的歐洲，當政府面臨經濟不景氣，稅收收入下降時，政府的消費性支出卻無法大規模削減，這就導致政府只能靠發行國債來消費，造成政府債務巨幅膨脹。當前在發達國家蔓延的債務危機的原因就在於此。

三、生產性支出與國民收入分配

所謂政府的生產性支出，是指政府支出中用於購買每年生產的生產資料的部分，形成對年總產品中生產資料的需求。消費性支出是指最終轉化為購買消費資料的支出，形成對年總產品中消費資料的需求。生產性支出可以看成社會的投資。單個資本家基於自身的需求會購買生產資料從事生產，生產資料部類購買生產資料用來生產生產資料，消費資料部類購買生產資料用來生產消費資料。政府部門的生產性支出所購買的生產資料是為了所有的單個資本累積的需要而不得不支出的公共投資。例如，政府修建一條貨運鐵路，能夠方便單個資本家運輸貨物，減少流通成本，從而為資本累積創造公共條件，政府對於這條鐵路的公共投資顯然就是一種生產性支出。生產性支出對於國民收入分配的影響主要有以下方面：

（1）生產性支出能夠提高整個社會的勞動生產率，降低生產成本，從而提高剩餘價值率。凱恩斯主義的財政政策是短期政策，這種政策所產生的政府的生產性支出的擴張，並不一定會具有降低成本、提高勞動生產率的效果，因為這種財政支出很可能並不是社會真正需要的公共投資。例如，社會可能會需要一條貨運鐵路，而政府卻修建了一座機場。在這樣的情況下，雖然政府的生產性支出在短期內具有增加有效需求的能力，但並不能達到提高社會生產效率的目的。如果從更長期來看，即使政府的生產性支出投得其所，這種公共性的投資也可能會超出社會的需要，從而是低效率的。不考慮這兩種情況，生產性支出確實具有提高剩餘價值率、擴大資本累積的作用，從而能夠使社會的收入分配向資本方變化，生產性支出可以看成完全

是為資本累積服務的公共資本，是一種公共的生產資料。政府通過稅收向剩餘價值徵稅，減少了用於消費和投資的剩餘部分，但通過政府的生產性支出又創造了與減少的需求數量相等的有效需求。在生產過剩的常態條件下，政府的生產性支出具有擴大有效需求、減少產能過剩的作用。

（2）隨著資本主義的發展，為資本累積服務的公共資本也需要大量增加和更新換代，政府的生產性支出不僅要維持公共資本的再生產和擴大再生產的需要，而且要維持原有的公共設施的維修和折舊費用。假設整個社會的公共資本為 C_1，私人資本為 C_2，那麼每年的生產就不僅僅要保持 C_2 的簡單再生產和擴大再生產，而且要從剩餘價值中拿出來一部分用於 C_1 的簡單再生產和擴大再生產。C_1 的再生產就是政府的生產性投資和折舊，它們等於政府的生產性支出。由此，我們可以得出結論：剩餘價值在各個資本家之間分割之前，首先要在私人部門和政府部門之間分割，政府通過稅收的形式獲取剩餘價值的一部分，主要用於維持公共資本再生產的需要以及用於消費性支出。

（3）消費性支出有利於工人階級的利益，生產性支出有利於資產階級的利益，因此政府必須對獲得的稅收收入在消費性支出和生產性支出之間進行權衡。這取決於整個社會階級力量的變化，政府的作用是維持社會的穩定以保證資本累積的順利進行，當階級力量對立過於不平衡而威脅到資本主義的穩定時，政府就會出面進行調節。例如，如果資產階級的力量過於強大，工人階級受到過分的剝削而試圖進行激進的反抗時，政府就會擴大消費性支出以緩解階級矛盾的壓力；當工人階級獲得的社會勢力威脅資本主義生存時，國家就會變成資本的統治工具，從而對工人階級的利益進行擠壓，並擴大社會的生產性支出，從而使資本累積的外部條件得到恢復。

四、剩餘價值的總的分割：一個總結

前面的分析向我們展示了剩餘價值總的分割的圖景，從理論上再現了國民收入是怎樣在社會各階級中自然而然地進行分配的。

第一，考慮到創新和超額剩餘價值的情況。一國的剩餘價值的總量由於虛擬的社會價值的產生而被放大，平均利潤率也由於超額利潤而提高到了一個高於一般均衡條件的水平。超額利潤與社會淨剩餘的分配隨著產權主體的變化而發生變化，馬克思分析的全能的資本家逐漸被資本所有者、企業管理者、資本經營者和企業家的職能分化所代替，從而超額利潤和社會淨剩餘要在資本所有者、企業管理者、企業家和資本經營者之間進行分配。

第二，政府通過稅收穫取一部分剩餘價值，並通過消費性支出和生產性支出影響剩餘價值率。從理論上可以證明，政府徵收資本所得稅能夠較大程度地降低社會的剩餘價值率，而消費性支出能夠一定程度地降低剩餘價值率，生產性支出能夠提高剩餘價值率、促進資本累積。

第三，扣除政府稅收之後的剩餘價值依據馬克思所分析的基本原理在產業資本、商業資本、借貸資本、銀行資本之間進行分配，分配的理論依據是等量資本獲取等量利潤，也就是利潤率平均化規律。

第四，地租除了分割一部分剩餘價值之外，還有一部分來自於虛擬的社會價值，它是農業中的超額利潤由於壟斷而不能夠平均化而產生的。農業資本家要獲取一般的平均利潤，地租是土地所有者獲得的土地所得超過平均利潤的部分。

以上就是依據經濟規律所得出的分配原理，是一種理想情況下的分析，這種分析揭示了分配的實質。現實的因素更為複雜，影響收入分配的因素很多。下面我們將對影響收入分配的其他主要的因素進行一個大致的說明。

第八章　影響收入分配的其他因素

任何一個經濟變量的變化都是由無窮多的因素造成的，在經濟分析中我們一般分析主要因素，並通過主要因素的各種變量構建理論體系。對那些在收入分配中不起實質性作用的其他原因，由於它們確實對收入分配的格局有較為明顯的影響，我們在理論上也需要有一定程度的關注。影響收入分配的其他因素主要包括非正規或非法權力的權力配置、人力資本差異、金融市場財富轉移。

一、非正規或非法的權力配置

經濟中還存在大量的灰色收入和非法所得，這是非正規或非法的權力配置導致的。灰色收入或非法所得對一個國民收入分配的影響程度視國家的文化和法律制度的健全程度而定。在一些腐敗比較嚴重的國家，這些市場之外的權力對於國民收入的影響很大，經濟中相當一部分剩餘被權力濫用所消耗。本來在正常情況下這部分剩餘是能夠增加資本累積、促進經濟發展的，但在這種權力體制下剩餘被大量消耗，因而使經濟增長的動力受到抑制。

制度安排決定了相應的權力配置。什麼樣的權力配置更有利於經濟效率，是一個規範性命題。在許多國家，制度設計本身就是為了維護非正規權力的需要，除了市場對於分配的決定性作用外，權力作為外生的力量也對收入分配起著實質性的影響。解體後的蘇聯提供了一個典型的例子。在全面的計劃經濟迅速過渡到私有制的市場經濟的轉軌過程中，不僅存在大量的制度漏洞，而且「雙軌制」本身就提供了大量的權力尋租機會。在這樣的混亂時刻，不僅對財富的掠奪令人觸目驚心，而且其整個社會的收入分配也是完全扭曲的。

現實不是完美的理想世界，凡是法律規定了的事情都不可能是完美的，而且在執法過程中也存在著大量的不可完善之處，因此，非法地佔有財富和對於國民收入的掠奪在任何情況下都可能存在。當非法行為所獲得的收益大於法律懲罰和承擔風險的成本時，法律的權威就會喪失。一旦法律的權威喪失，潛在的交易規則就會代替正規的法律制度，從而使權力濫用成為常態。權力對於市場的干擾的最為明顯的例子，就是在封建社會解體並向資本主義市場經濟過渡時期。這時封建的權力對於資本主義市場經濟的財富和收入佔有機制的破壞和阻滯是很明顯、很嚴重的。這也是以亞當·斯密為首的經濟學家宣傳經濟自由主義的主要的社會制度背景，因為資本主義的正常的分配機制在形成過程中受到各種還存在著的封建權力的制約，從而市場經濟的發育被阻礙了，不利於資本的累積。對於資本主義的正規的法律制度而言，封建權力顯然是非法的，從而也是不利於經濟進步的。

任何經濟體都受到兩種力量的制約，一種是市場的力量，另一種是政府的力量。主張完全市場經濟的學者忽視了市場經濟本身的缺陷，其中包括市場經濟內生的兩極分化趨勢，從而用完美的市場這種理想情況來套用在現實的經濟分析中；主張

完全計劃經濟的學者高估了政府對於信息獲取和經濟協調的能力，並且忽視了權力被濫用的可能性。現代經濟學為市場經濟的缺陷提供了市場失靈的各種情況，也為政府干預提供了政府失靈的各種情況，現實的經濟運行從來就不是單一的完全的市場經濟或政府經濟，而總是兩者的有機結合。因此，權力對於經濟運行的干預以及對於收入分配的影響，在任何國家都是一個重要的經濟問題。而正常的市場經濟的穩定運行，也離不開國家的外在的力量。

非正規的或非法的權力配置對於收入分配的影響到底有多大，不同的學者的理解是不同的。例如，一些馬克思主義的學者傾向於認為市場經濟本身的特徵是當前中國收入分配差距拉大的主要原因，收入分配是問題的核心，國家的政策應立足於調節收入分配；另一些學者則認為當前中國收入分配差距過大的主要原因是權力被濫用，認為非正規或非法的權力配置導致了市場經濟的扭曲，從而惡化了國民收入分配。具體情況到底是怎樣的？這就需要我們對現實做進一步的實證分析。

二、人力資本的差異

另一種觀察收入分配的視角是人力資本和規模性分配。在古典經濟學中，由於人力的差異而導致的收入的差異已經為經濟學家所重視。亞當·斯密在《國富論》中專門分析了不同行業學習成本的不同所帶來的收入水平的不同，並提出人的才能與其他任何種類的資本同樣是重要的生產手段的觀點。薩伊則將勞動者身上所體現出來的知識、技巧、熟練程度等也看成與資本等同的東西。馬克思在《資本論》中分析勞動二重性時將勞動分為複雜勞動和簡單勞動，複雜勞動是多倍的或自乘的簡

單勞動，馬克思認為複雜勞動和簡單勞動之間的換算並不是一個簡單的個人計算的結果，而是一個經歷大量交換的複雜的社會過程的結果。

複雜勞動和簡單勞動的關係體現了馬克思的人力思想，只不過馬克思並不主張依據資本的概念來解讀由於體現在人力上的知識、技術、信息、健康、熟練程度等對勞動力價值的影響。馬克思認為，為了理論研究的簡單性，在理論分析上可以不考慮複雜勞動，而只考慮簡單勞動的情況。因此，在《資本論》中所體現的所有理論模型都假定了勞動者的勞動是同質的，而忽略了抽象勞動的異質性。

若將抽象勞動的異質性納入理論分析中，則馬克思的人力思想也同樣蘊含了現代人力資本理論的基本內容。在相同的勞動資料和技術條件下，勞動者本身的差異顯然對勞動生產率的差異產生了較大影響。對勞動者進行的各種訓練和教育支出，能夠顯著地提高勞動者從事工作的複雜程度，提高勞動者的收入水平，這種較高的收入水平不僅要能夠彌補勞動者的教育、訓練以及提高勞動者素質的各種成本，而且能夠為勞動者帶來更高的收益。由於勞動複雜性提高而帶來的超過人力素質投入的收益具有類同於資本的屬性，它產生了一個大於本身投入的價值的價值。假設勞動者原來的勞動能力適合的崗位使勞動者每年僅能獲得 100 元的收入，由於勞動者選擇了接受某種技能培訓和職業教育，每年支出 150 元的培訓和學習費用，共計 3 年，那麼勞動者對於人力投資的總的成本就是 750 元，其中包括了由於學習和培訓而損失的工資收入。若勞動者進行培訓和學習後還能夠再工作 20 年，並且能夠適應勞動複雜性更高的崗位，每年的工資收入為 150 元，那麼在這 20 年內勞動的總收入就是 3,000 元。而若不進行培訓，勞動者只能得到 2,000 元的收入。由於培訓所產生的 1,000 元的額外收益不僅能夠彌補學習

和培訓的750元的成本，而且還獲得了250元的超額收益，顯然這種對人力的投資對於勞動者來說是合算的，多出來的250元可以看成是750元的人力資本投資帶來的利潤。至於勞動者的勞動複雜性程度提高給資本家和企業帶來的價值增值，我們這裡不做考察，因為這涉及人力資本投入對剩餘價值的影響，以及人力資本投資的社會價值。

另一種情況是，勞動者在知識、技能方面的差異能夠影響到人們對於勞動資料的開發和技術水平的進步，進而從更大範圍內推動經濟發展。現代人力資本理論的產生受到了二戰後德國和日本迅速崛起這個事實的啟發。作為兩個原來的法西斯國家，德國和日本在二戰中受到了戰爭的巨大破壞，物質資本大量損失，但是戰後這兩個國家卻能夠在短時間內迅速恢復並再次成為資本主義強國。這說明物質資本在經濟發展中的作用並不是最主要的，一個國家所具有的人力資本水平才是經濟發展的關鍵。一個具有高度人力資本水平的國家即使物質資本受到巨大破壞，仍然能夠獲得較快的發展速度。這一事實對傳統的資本累積理論形成了巨大的挑戰，從而為人力資本理論的提出和發展提供了事實依據。

人力資本理論主要是由舒爾茨、貝克爾和明賽爾發展和完善的。舒爾茨第一個明確地提出了人力資本理論，並使其成為經濟學的一個分支；貝克爾系統地構建了人力資本的微觀理論，並研究了人力資本與個人收入分配的關係；明賽爾首次將人力資本投資與收入分配聯繫起來，提出了完整的人力資本收益模型。人力資本決定個人收入分配的原理主要建立在三個理論基礎之上：第一，理性選擇原理，即個人根據自己的風險偏好類型對於不同的隨機分配方案進行選擇，以及對於各種優勢和劣勢環境進行補償所需的收入差別的結構進行選擇；第二，補償原理，是指經濟活動中收益與成本之間的對應關係，也就是說，

未來的預期收入的增長是對於人力資本投資的一種補償，不同的人力資本投資會成為不同的個人收入的生命週期路徑；第三，人的能力的異質性和可塑性觀點，表明人的能力並不是先天賦予的，而是具有後天可塑性的，因此，人的能力的形成和發展的經濟機制就成為人力資本理論的核心。[1]

人力資本投資決定個人收入分配格局理論的根據是邊際生產力分配理論，這個理論將勞動者所擁有的人力資本作為決定邊際生產力高低的主要因素，因而也就決定了不同勞動者之間收入水平的差異。該理論能夠解釋勞動工資的差異，而不能夠解釋因擁有資本、土地所有權而獲得的分配份額，因為社會中的分配的主要依據並不是人力資本，而是所有制關係，資產階級和工人階級之間所獲得的利潤與工資的差異才是決定收入分配的實質性力量。但是，並不能因此否認人力資本對於收入分配的重要影響，特別是對於工資收入者之間存在的收入差異，該理論能夠提供有說服力的解釋。

三、金融市場的財富轉移機制

金融市場的財富轉移機制也是影響收入分配的重要因素。首先，銀行的信用創造功能，能夠使資本累積擺脫剩餘價值資本化的約束，當信用創造超出了實體經濟的需要時，過度的信用擴張將導致通貨膨脹，從而使社會的收入發生無形的轉移。例如，使債權人的財富縮水，使領取固定薪水的勞動者的實際收入水平下降等。資本累積隨著信用創造的迅速擴張，也加速

---

[1] 張鳳林.人力資本理論及其應用研究 [M].北京：商務印書館，2011：339-341.

了勞動者和資本家之間所獲得的收入差異，使社會財富佔有更加不平等。

其次，股票市場的投機也會導致財富分配差異。本來意義上的股票市場是為投資者提供獲得企業的一部分剩餘價值的一種機制，也是為持有股票的投資者提供所有權變現的機制。但是現實中的股票市場主要是一種投機的市場，股票價格通過炒作上漲會使投資者的名義財富增加，但是實際財富並沒有隨之而增加，股市實際上是一種零和博弈，它會造成社會上存在的剩餘資金在不同所有者之間的分配，從而成為一種重要的財富分配方式。股市的財富分配功能對於勞動者是不利的，這主要是因為大資本能夠通過影響股價變動而佔有一部分進入股市的可變資本。也就是說，勞動者將自己獲得的工資的一部分投入股市，這部分資金會通過股票的交易過程而被大資本佔有，從而使資本通過股市來獲取社會財富。

最後，通過金融市場的透支消費也是一種重要的收入轉移機制，這種機制在20世紀70年代之後對於資本主義緩解生產過剩的壓力發揮了重要作用。其中的道理是這樣的：面對生產過剩的壓力，當凱恩斯主義政策無效時，資本主義發展了龐大的消費信貸市場。由於有支付能力的需求不足，家庭無力消費，於是政府鼓勵它們通過向銀行借債進行消費。通過消費信貸，不僅使家庭的消費需求得到滿足，而且使過剩產能得到利用，因為消費需求是最終需求，家庭通過信貸增加了消費，必然拉動了整個生產，從而使生產過剩的壓力得到釋放。到2008年的金融危機爆發之前，消費信貸成了資本發展的重要動力。但是隨著消費信貸的大量累積，債務風險也不斷增加，2007年的美國次貸危機導致了整個社會信用鏈條的巨大破壞，引發了一場嚴重的國際金融危機。如果說，次貸危機是私人信貸過度擴張的後果，那麼隨後發生的歐洲主權債務危機就是國家信貸過度

擴張的結果，其根源依然是馬克思所分析的資本主義的基本矛盾。

消費信貸和透支消費也是一種對於轉化為可變資本的工人的工資份額的侵蝕。通過信貸刺激消費的方式要求工人使用所獲得的工資來進行還本付息，工人使用未來的工資來滿足當前的消費，並為此支付利息，因此，它將導致工人獲得的可變資本部分地被資本變相地掠奪，從而加大工資份額與利潤份額之間的差距。所以，金融市場實際上存在著重要的收入轉移功能，是影響收入差距和財富差距的重要因素。

四、結語

影響收入分配的因素很多，其中起實質性作用的是功能收入分配，即勞動工資、資本利潤和土地地租。對於勞動工資而言，人力資本是造成工資性收入差異的重要原因。調節收入分配最重要的是調節工資性收入和財產性收入之間的過分懸殊狀況，人力資本政策只能起到調節工資性收入差異過大的作用。這為我們的分析提供了可能的政策含義。

另外，在非正規和非法權力參與收入分配比較嚴重的國家，政治權力造成的經濟不平等將阻礙經濟發展，需要國家採取有效的措施約束權力，使市場的決定性作用充分發揮出來，避免經濟不平等的負面影響。對於金融市場而言，它主要是一個資金融通的渠道，必須依賴於實體經濟的發展需要，過度槓桿化所帶來的財富和收入分配效應，也會極大地損害經濟的正常運行。因此，應該有效地促進金融市場的發展，但要注意將金融市場限制在合理的範圍之內。

第九章　收入分配與最終需求

　　按照馬克思主義經濟學，消費需求是社會的最終需求，生產最終是為消費服務的。在本章我們構建理論模型探討收入分配與消費需求的關係，根據消費率在一般均衡中的決定對馬克思分配理論進行擴展。

　　消費率問題實際上就是擴大再生產（經濟增長）中的「比例」問題。不論在計劃經濟條件下，還是在市場經濟條件下，消費與投資或消費與累積之間的數量結構，都是再生產過程中的一個最重要、最基本的比例關係，國民經濟運行中的總量失衡和結構失衡最終都要反應到這一比例關係上。鑒於問題的重要性，包括馬克思、凱恩斯在內的眾多經濟學家都對這個問題給予了足夠的重視。馬克思對這個問題的分析主要體現在對「再生產公式」的研究中，凱恩斯對這個問題的分析主要體現在對「有效需求原理」的研究中。現代經濟學中的消費理論，通過一定的轉換，也可以被理解為累積消費比例關係問題。

　　在本章我們首先根據馬克思的再生產理論構建了一個理論模型，證明了在一般均衡條件下，消費率決定於資本有機構成和剩餘價值率，也就是說，消費率水平的高低最終取決於一個國家的技術條件和生產關係情況。然後根據馬克思關於資本有機構成和剩餘價值率的研究，對消費率的決定因素進行分析，並區分了短期因素和長期因素之間的關係。

一、基本模型

社會總產品分為生產資料部類（Ⅰ）和消費資料部類（Ⅱ），在價值構成上分別為不變資本（C_1，C_2）、可變資本（V_1，V_2）和剩餘價值（S_1，S_2）。

為了簡化分析，不考慮對外部門和政府部門，不考慮折舊。假定整個經濟處於一般均衡狀態，產品的價格等於價值，兩大部類內部及它們之間的交換圓滑地進行。

根據馬克思的再生產公式①，勞動報酬為（V_1+V_2），總剩餘價值為（S_1+S_2），在擴大再生產條件下，資本家要追加生產資料以及與之相適應的消費資料，由於追加的消費資料最終會轉化為消費，所以整個國民經濟的最終儲蓄只是追加的生產資料的價值。假設在這個最終儲蓄額中，工人的儲蓄所貢獻的部分為 [a（V_1+V_2）]②，資本家的儲蓄所貢獻部分為 [g（S_1+

---

① 公式（9-1）、公式（9-2）、公式（9-3）、公式（9-8）的設定參考了馬廷·布朗芬布倫納的研究，可參見：馬廷·布朗芬布倫納. 現代人理解《資本論》[M]//外國經濟學說研究會. 現代國外經濟學論文選：第三輯. 北京：商務印書館，1982：19-39.

② 式中的 a 代表工人收入（V_1+V_2）中最終轉化為購買生產資料的儲蓄部分，這種轉化是通過金融系統實現的。在馬克思的分析中，（V_1+V_2）是完全被工人消費掉的維持勞動力再生產的部分，它受工人的生理界限和歷史道德界限的制約，不存在儲蓄部分。為了能夠更進一步反應現代工人的實際情況，假定工人的所得在一定程度上超出相應的生活資料部分，能夠有一部分儲蓄額是有理論依據的。在現代經濟中，人力資本的重要性已經越來越凸顯出來，剩餘索取權向工人的轉移越來越明顯，並且後面的分析表明，即使放棄這個假定，使 a=0，也不影響最後的結論。

S_2)]①，那麼整個社會的最終消費額就為[（1-a）（V_1+V_2）+（1-g）（S_1+S_2）]，這裡面包含有擴大再生產所追加的消費資料的價值。

要保證擴大再生產過程中生產資料和消費資料的供求平衡，就必須使生產資料部類所生產的生產資料滿足兩大部類擴大再生產的生產資料需要，使消費資料部類所生產的消費資料滿足兩大部類擴大再生產的消費資料需要，於是有：

（1）生產資料的供求均衡條件：

$$C_1+V_1+S_1 = C_1+C_2+g(S_1+S_2)+a(V_1+V_2) \qquad (9-1)$$

（2）消費資料的供求均衡條件：

$$C_2+V_2+S_2 = (1-g)(S_1+S_2)+(1-a)(V_1+V_2) \qquad (9-2)$$

分別對式（9-1）、式（9-2）兩式化簡，可得在擴大再生產條件下總量均衡的一般條件②：

$$(1-a)V_1+(1-g)S_1 = C_2+aV_2+gS_2 \qquad (9-3)$$

在一般均衡條件下，兩大部類的剩餘價值率相等③，否則就會發生勞動力在兩大部類之間的流動，於是有：

---

① 式中的g代表資本家收入（S_1+S_2）中最終轉化為購買生產資料的儲蓄部分，這種轉化是通過金融系統或者企業盈餘追加來實現的。

② 式（9-1）、式（9-2）兩式化簡的結果相同，式（9-3）實際上就是兩大部類之間的交換條件。

③ 不變資本（c）、可變資本（v）和剩餘價值（s），是馬克思在《資本論》第一卷和第二卷中研究的主要內生變量，是在尚未涉及價格的抽象層次上的研究，因此到處假定剩餘價值率相等，這是競爭性的經濟體系實際的內在趨勢，假定剩餘價值率相等是根據研究的需要對實際趨勢的一種理想化。在《資本論》第三卷中，馬克思從抽象上升到具體，開始考慮生產成本、價格、利潤、利息和企業收入等變量。在現象層面，經濟運行的內在邏輯是通過抽象層面的變量關係而被內在地決定了的。如果馬克思能夠將第二卷和第三卷進一步完善的話，可能就不會出現後來龐巴維克那樣的誤解和批評了。對這個問題的解釋，可參見：保羅·斯威齊. 資本主義發展論——馬克思主義政治經濟學原理[M]. 陳觀烈，秦亞男，譯. 北京：商務印書館，2000：86-90.

$$\frac{S_1}{V_1}=\frac{S_2}{V_2}=m \tag{9-4}$$

m 的內涵非常豐富，它反應了在雇傭勞動制度下資本家對勞動力的剝削程度，是剝削率（剩餘勞動與必要勞動的比率）具體化的一種形式。馬克思認為，「剩餘價值同直接產生並由它來表示其價值變化的那部分資本的比率具有重大的經濟意義」①，「使各種社會經濟形態例如奴隸社會和雇傭勞動的社會區別開來的，只是從直接生產者身上、勞動者身上，榨取這種剩餘勞動的形式」②。m 也可以看成是最直接反應一個社會收入分配情況的指標，它代表了在整個社會總產品中資方和勞方各自所得的份額。在現實層面上，它受收入再分配的調整，通過稅收可以把歸私人佔有的剩餘價值轉化為社會保障，轉化為社會佔有③。利潤收入與工資收入的比率可以近似地反應 r 的數值大小。

假設兩大部類的資本有機構成分別為 k_1、k_2，兩大部類所生產的生產資料總價值與消費資料總價值之間的比率為 h④，於是有：

$$\frac{C_1}{V_1}=k_1 \tag{9-5}$$

---

① 馬克思. 資本論：第 1 卷 [M]. 北京：人民出版社，1975：241.
② 馬克思. 資本論：第 1 卷 [M]. 北京：人民出版社，1975：244.
③ 劉福垣認為，剩餘價值率是現代化的唯一考核指標，只要剩餘價值率提高到使生產剩餘價值成為生產目的、生產方式、生活方式、交換方式，這個國家就是現代化國家；只要一個社會的剩餘價值歸社會佔有的比重超過 50%，這個社會的性質就發生了質變，開始進入社會主義的歷史階段。可參見：劉福垣. 多次現代化是一個偽命題 [N]. 中國經濟時報，2007-04-24.
④ 這個比率的設定參考了馬廷·布朗芬布倫納的研究。他認為：「在技術上一經確定（若干消費品就要求若干資本品），這個比率就不僅獨立於相對價格之外，而且也獨立於利息率、時間偏好以及學院經濟學的其他專門分析工具之外。」可參見：馬廷·布朗芬布倫納. 現代人理解《資本論》[M]//外國經濟學說研究會. 現代國外經濟學論文選：第三輯. 北京：商務印書館，1982：27.

$$\frac{C_2}{V_2}=k_2 \qquad (9\text{-}6)$$

$$\frac{C_1+V_1+S_1}{C_2+V_2+S_2}=h \qquad (9\text{-}7)$$

將式（9-4）、式（9-5）、式（9-6）代入式（9-7）可得兩大部類中可變資本之間的比率：

$$\sigma=\frac{V_1}{V_2}=\left(\frac{1+k_2+m}{1+k_1+m}\right)h \qquad (9\text{-}8)$$

σ代表社會總勞動在兩大部類之間的分配比例，由（9-8）式可知一個經濟體社會勞動的配置情況受技術關係和生產關係的制約。（9-8）式分別對 k_1、k_2、h、m 求偏導可得：

$$\frac{\partial\sigma}{\partial k_1}=-\left[\frac{1+k_2+m}{(1+k_1+m)^2}\right]h<0 \qquad (9\text{-}9)$$

$$\frac{\partial\sigma}{\partial k_2}=\left(\frac{1}{1+k_1+m}\right)h>0 \qquad (9\text{-}10)$$

$$\frac{\partial\sigma}{\partial m}=\frac{(k_1-k_2)\,h}{(1+k_1+m)^2}>0,\ (k_1>k_2) \qquad (9\text{-}11)①$$

$$\frac{\partial\sigma}{\partial h}=\frac{1+k_2+m}{1+k_1+m}>0 \qquad (9\text{-}12)$$

將式（9-4）、式（9-5）、式（9-6）、式（9-8）代入式（9-3）可得：

$$g=\frac{1}{m}\left[\frac{(1+m)\,\sigma-k_2}{1+\sigma}-a\right] \qquad (9\text{-}13)$$

---

① （9-11）式考慮了生產資料部門與消費資料部類在資本有機構成上的差異，在一般情況下可以認為生產資料部類的資本有機構成 k_1 大於消費資料部類的資本有機構成 k_2。但是隨著技術的進步以及生產的自動化，未來 k_1、k_2 將越來越小，而且會有均等化的趨勢，這種趨勢是科學技術發展對生產的內在趨勢，不同於競爭性條件下的剩餘價值率的均等化和利潤率均等化。

(9-13) 式表明，要保持總量平衡和結構平衡，生產資料累積率 a 和 g 必須保持一個由技術條件和制度狀況所決定的此消彼長的關係，二者之間的關係受客觀條件的制約。根據前面的研究可知，最終消費為 $[(1-a)(V_1+V_2)+(1-g)(S_1+S_2)]$①，新創造的社會總產品價值為 $(V_1+V_2+S_1+S_2)$②，由此最終消費率可表示為：

$$\rho^* = \frac{(1-a)(V_1+V_2)+(1-g)(S_1+S_2)}{V_1+V_2+S_1+S_2} \qquad (9-14)$$

將式 (9-4)、式 (9-13) 代入式 (9-14) 得：

$$\rho^* = 1 - \left(\frac{\sigma - \frac{k_2}{1+m}}{1+\sigma}\right) \qquad (9-15)$$

將式 (9-8) 代入式 (9-15) 得：

$$\rho^*(k_1, k_2, h, m) = 1 - \left[\frac{\left(\frac{1+k_2+m}{1+k_1+m}\right)h - \frac{k_2}{1+m}}{1+\left(\frac{1+k_2+m}{1+k_1+m}\right)h}\right] \qquad (9-16)$$

---

① 由 (9-2) 式可知，最終消費量等於消費資料部類的總價值量，消費率也可以看成是消費資料的總價值在兩大部類新創造的總價值量中的占比。

② 這裡計算的消費率是最終消費與新創造的社會總產品價值之間的比率，是本來意義上的最終消費率，反應了社會最終產品的使用結構。由凱恩斯的定義可知，消費＝可變資本 (V) ＋資本家個人消費 (S_k) ＋追加的勞動力價值 (S_v)，國民收入＝可變資本 (V) ＋剩餘價值 (S) ＋追加的勞動力價值 (S_v)。可參見：都留重人. 凱恩斯與馬克思：總量分析的方法 [J]. 仲麟，譯. 世界經濟文匯，1958 (4). 也可參見：都留重人. 關於再生產表式問題 [M] //保羅・斯威齊. 資本主義發展論——馬克思主義政治經濟學原理. 陳觀烈，秦亞男，譯. 北京：商務印書館，2000：390-399. 凱恩斯的國民收入概念多出一個追加的勞動力價值 (S_v)，是因為這部分追加的勞動力價值實現了兩次購買，一次表現為資本家在勞動市場購買追加勞動力，成為追加的勞動者的收入，而這部分收入最終被用於購買相應的追加的生活資料，並被消費掉，從而又成為資本家的收入。國內很多關於凱恩斯與馬克思的比較研究，都忽略了這個問題。

對式（9-15）求導可得：

$$\frac{\partial \rho^*}{\partial m} = -\frac{\left(1+\frac{k_2}{1+\sigma}\right)\frac{\partial \sigma}{\partial m}+\left[\frac{1+\sigma}{(1+m)^2}\right]k^2}{(1+\sigma)^2} < 0 \qquad (9-17)$$

$$\frac{\partial \rho^*}{\partial k_1} = -\frac{\left(1+\frac{k_2}{1+m}\right)\frac{\partial \sigma}{\partial k_1}}{(1+\sigma)^2} > 0 \qquad (9-18)$$

$$\frac{\partial \rho^*}{\partial k_2} = \frac{1}{(1+\sigma)^2(1+m)} > 0 \qquad (9-19)$$

$$\frac{\partial \rho^*}{\partial h} = -\frac{\left(1+\frac{k_2}{1+m}\right)\frac{\partial \sigma}{\partial h}}{(1+\sigma)^2} < 0 \qquad (9-20)$$

由式（9-16）~式（9-20）可得以下結論：

（1）經濟體中最終產品使用結構是由（k_1，k_2，h，m）決定的，這些變量代表了社會生產的技術條件和制度情況，不同的經濟體由於處於經濟發展和社會發展的不同階段，其資本有機構成、生產資料—消費資料比率（h）、剩餘價值率不同，必然表現為不同的消費率和累積率。

（2）剩餘價值率（m）和生產資料—消費資料比率（h）提高，將抑制最終消費率（ρ^*）的提高，m和h與ρ^*負相關；資本有機構成（k_1，k_2）提高，將促進最終消費率的提高，二者正相關。一個經濟體的最終消費率（最終產品的使用結構）是這樣四種力量合力作用、此消彼長的結果。

二、基本模型的擴展和比較

按照凱恩斯的定義，「儲蓄」等於企業主間的交易減使用者

成本,「投資」等於期初可以從手頭上保存下來的淨值減期末握有的生產資料價值。轉換為馬克思的語言,儲蓄和投資均等於追加的生產資料價值和與之相對應的消費資料價值①。這是以意願儲蓄等於意願投資,並且滿足儲蓄(投資)中生產資料和消費資料保持擴大再生產需要的比例為前提的(也可以理解為事後的恒等式)。在市場經濟條件下,由於儲蓄的決定由居民部門做出,投資的決定由企業部門做出,意願的儲蓄和投資水平並不會自動相等,也不會按照擴大再生產的技術比例關係來追加,「因為儲蓄和投資一般是由不同的人和因不同的原因而進行的,也因為市場並不會很快地使儲蓄與投資協調一致」。所以,凱恩斯之後的宏觀經濟理論,普遍地把「儲蓄和投資缺乏自動聯繫」作為經濟波動的中心原因。例如,薩繆爾森指出,「儲蓄和投資之間管道被堵塞的可能性造成了現代宏觀經濟學意義非常深遠的問題」,「一個自由放任的經濟不能夠擔保」存在著任何能「確保充分就業下儲蓄與投資均衡的自動機制」,也不存在能把現代工業化經濟導向儲蓄、投資和就業最優水平的「宏觀經濟的看不見的手」②。

在凱恩斯的分析框架下,假定投資按照平均資本有機構成(k)來追加生產資料和消費資料,則總投資量可記為 $\left(1+\dfrac{1}{k}\right)[a(V1+V2)+g(S1+S2)]$。根據凱恩斯的國民收入概念,國民收入($I$)= 可變資本($V$)+剩餘價值($S$)+追加的

---

① 都留重人. 凱恩斯與馬克思:總量分析的方法 [J]. 仲麟,譯. 世界經濟文匯,1958(4).
② 保羅·A. 薩繆爾森. 經濟學(上)[M]. 12版. 高鴻業,等,譯. 北京:中國發展出版社,1992:228-229.

勞動力價值（S_v）①，即 $I = V1 + V2 + S1 + S2 + \left(\frac{1}{k}\right)[a(V1+V2) + g(S1+S2)]$。由此可計算相應的投資率為：

$$i = \frac{\left(1+\frac{1}{k}\right)[a(V1+V2) + g(S1+S2)]}{V1+V2+S1+S2+\left(\frac{1}{k}\right)[a(V1+V2) + g(S1+S2)]} \quad (9-21)$$

將式（9-14）代入式（9-21），可得凱恩斯理論框架下的維持經濟均衡（總量均衡和結構均衡）的投資率和消費率分別為：

$$i^* = \frac{1+k}{1+\frac{k}{1-\rho^*}} \quad (9-22)$$

$$c^* = 1 - i^* = \frac{k\rho^*}{1+k-\rho^*} < \rho^* \quad (9-23)$$

將式（9-23）對 ρ 求導：

$$c^{*'}_{\rho^*} = \frac{(1+k)k}{(1+k-\rho^*)^2} > 0 \quad (9-24)$$

由式（9-23）、式（9-24）可知，按照凱恩斯方法計算的均衡消費率 c^* 小於最終消費率 ρ^*，並且均衡消費率是最終消費率的增函數。這說明馬克思和凱恩斯的經濟模型實際上用不同的計量標準表達了相同的經濟均衡思想。凱恩斯考慮的問題是：沒有進入消費的收入部分（購買力）最終轉化為能夠被正常的或者說是意願的投資所消耗的可能性。也就是說，假如 $c<c^*$，即實際的消費需求小於均衡消費需求，那麼如果能夠保證意願（或者通過政府投資）的投資需求 $i>i^*$，從而總需求量與總供給

---

① 都留重人. 凱恩斯與馬克思：總量分析的方法 [J]. 世界經濟文匯，1958（4）.

量保持平衡，生產產品所產生的購買力能夠使社會全部產品被買掉，就不會出現有效需求不足、經濟收縮的情況。根據凱恩斯的理論，有效需求之所以成為經濟中的通例，主要是由於邊際消費傾向遞減、資本邊際效率遞減和流動性偏好三大心理定律造成的。顯然，由再生產模型所提供的分析表明：經濟體系的均衡狀態受到客觀的比例關係制約，當投資需求和消費需求的結構偏離正常的比例關係時，即使按照凱恩斯的理論，能夠維持總量平衡，從而不影響實際產出，也將擾亂經濟系統正常的結構關係，最後也要通過比例失衡的強制性經濟擾動而達到最終平衡狀態。凱恩斯的有效需求不足理論和杜岡—巴拉諾夫斯基的比例失調論的哲學根源和理論依據是相同的，都可歸咎於「資本主義生產的無政府狀態」，結果都是對經濟運行中平衡關係的破壞。但是，在馬克思看來，平衡是以它的對立面為前提的，比例失調作為危機的可能性原因，不是可以按照一般規律來解釋的，所以它只受到馬克思「偶然的注意」[1]。馬克思關注的基本問題是：資本主義的累積的對抗趨勢如何實現。

根據前面的分析，總投資量（累積量）為 $\left(1+\frac{1}{k}\right)[a(V1+V2)+g(S1+S2)]$，剩餘價值的總量為 (S_1+S_2)，累積在剩餘價值中的比例可表示為：

$$e=\frac{\left(1+\frac{1}{k}\right)[a(V1+V2)+g(S1+S2)]}{S_1+S_2} \quad (9-25)$$

將式（9-4）、式（9-13）代入式（9-25）可得：

$$e=\left(1+\frac{1}{k}\right)\left[\frac{(1+m)\sigma-k_2}{1+\sigma}\right]$$

---

[1] 保羅·斯威齊. 資本主義發展論——馬克思主義政治經濟學原理 [M]. 陳觀烈，秦亞男，譯. 北京：商務印書館，2000：178.

平均資本有機構成可記為：$k=\dfrac{C_1+C_2}{V_1+V_2}$，將式（9-5）、式（9-6）、式（9-8）代入可得：

$$k=\dfrac{k_1\sigma+k_2}{1+\sigma}=\dfrac{k_1\left(\dfrac{1+k_2+m}{1+k_1+m}\right)h+k_2}{1+\left(\dfrac{1+k_2+m}{1+k_1+m}\right)h} \qquad (9\text{-}21)$$

於是，根據式（9-16），社會產品的最終使用結構表示為生產資料—消費資料比率，可記為：

$$e=\dfrac{1-\rho^*}{\rho^*}=\dfrac{(1+m)\left(\dfrac{1+k_2+m}{1+k_1+m}\right)h-k_2}{1+k_2+m} \qquad (9\text{-}26)$$

社會產品的生產結構可記為：

$$u=\dfrac{V_1+S_1}{V_2+S_2} \qquad (9\text{-}27)$$

將式（9-4）、式（9-8）代入式（9-27）可得：

$$u=\sigma=\left(\dfrac{1+k_2+m}{1+k_1+m}\right)h \qquad (9\text{-}28)$$

顯然，比較 e 和 u 的大小關係可知：

$$e<u \qquad (9\text{-}29)$$

（9-29）式表明：即使保持經濟平衡，在擴大再生產過程中，社會產品的生產結構與最終使用結構也不一致，代表社會產品生產結構的生產資料—消費資料比率 u 恒大於代表最終使用結構的生產資料—消費資料比率 e，生產資料相對於消費資料總是表現為過剩。這就說明了，「相對生產過剩」作為資本運動的一般形態和資本累積的一般規律，它不因經濟是否處於均衡狀態而改變。同時也表明，馬克思的經濟危機理論不同於有效需求不足論以及比例失調論，它要揭示的問題是作為資本運動

過程中固有的、內在的、必然性的東西。固然「生產的無政府狀態」是危機的可能性原因,「資本主義生產儘管有無政府的性質」,但是「它歸根到底還是受一定的、客觀上起作用的運動規律所制約」① 的。

斯威齊發現了這一點,並試圖依據這一點來改進傳統的「消費不足理論」,其基本思路為:在資本累積過程中,$\frac{消費品產量增長率}{生產資料增長率}$的比值由技術關係決定並趨於高度穩定,而由於資本家對利潤的追求,必然使累積(包括追加的生產資料和消費資料)在剩餘價值中的比例提高,生產資料投資在累積中的比例提高(累積部分的資本有機構成提高),從而一方面使資本家消費增長額在總剩餘價值中遞減,另一方面使工資增長額在總累積量中遞減,最終$\frac{消費增長率}{生產資料增長率}$的比值趨於下降,消費的增長落後於生產資料的增長。這個消費不足理論面臨的根本性的問題是,它把危機問題最終歸結為資本家的貪婪以及沒有考慮累積的局部均衡關係只是總體均衡的一部分,因此它受經濟系統趨向一般均衡的強制性力量的制約,在一般均衡情況下,消費不足是不存在的。我們所論證的結論表明,在擴大再生產過程中,在生產資料市場和消費資料市場同時處於均衡狀態的情況下,一個經濟體的消費品和資本品的生產比例,同社會最終使用比例也是不一致的,資本品相對於消費品總是表現為過剩狀態,這是一種不同於「消費不足」狀態的「相對生產過剩」狀態,只要力量累積到一定程度,就必然會爆發「相對生產過剩」的經濟危機。

---

① 保羅・斯威齊. 資本主義發展論——馬克思主義政治經濟學原理 [M]. 陳觀烈,秦亞男,譯. 北京:商務印書館,2000:177.

第十章　用馬克思思想解析皮凱蒂

　　法國經濟學家皮凱蒂的《21世紀資本論》自出版以來，引起了全世界的關注。這本書之所以能夠形成這樣的影響力，與發達國家和發展中國家面臨的國內國際巨大的財富差距和收入差距的現實是密切相關的，特別是書中對於前1%最富裕人群收入占比和財富占比歷史動態演變的統計分析，印證了人們對於資本主義（尤其是美國反對1%人群的運動）不平等的直觀的印象。皮凱蒂通過歷史分析和數據研究所得出的結論與馬克思在140年前得出的結論是完全一致的，儘管二者所依據的理論基礎不同。《21世紀資本論》為馬克思所得出的科學結論提供了更為有力的證據。下面我們根據馬克思的分配思想對皮凱蒂的《21世紀資本論》進行評析，以揭示該書對於馬克思分配理論的實證意義。

一、核心思想

　　這本書的主要內容是對數據的統計分析，涉及三個主要的變量：資本、收入和資本收益率，核心思想由三個數量關係表示。

（一）資本、收入和資本收益率

國民財富或者說國民資本是指「在某個時點某個國家的居民與政府所擁有的全部物品的市場價值之和。這包括了非金融資產（土地、住宅、企業庫存、其他建築、機器、基礎設施、專利以及其他直接所有的專業資產）與金融資產（銀行帳戶、共同基金、債券、股票、所有形式的金融投資、保險、養老基金等）的總和，減去金融負債（債務）的總和」。這裡的資本概念是比較粗糙的，企業擁有的固定資產和企業在二級市場的股票所代表的企業資產存在一定程度的重合，存在重複計算的可能性。當然，作為一種統計指標，進行長期的歷史數據分析，對於精確性的要求不能太高，最重要的是概念所代表的經濟學思想。皮凱蒂的「資本」不同於馬克思的「資本」概念，在馬克思主義經濟學中，「資本」被界定為企業用於購買生產資料和勞動力，從事再生產的貨幣資金，在生產過程中這筆貨幣資金轉化為生產資本，生產完成時生產資本轉變為包含了剩餘價值的商品資本。皮凱蒂的「資本」可以被理解為在資本主義社會中所有資本化了的資產，也就是說，在資本主義社會中，任何一筆財富都可以看成能夠產生收益的資產，因而一切都被資本化，獲得的收益除以利息率等於該資產的價格。

收入是指一個國家新創造的財富的所有市場價值的總和，也就是現代經濟學中的國民收入概念。皮凱蒂用資本除以收入得到資本收入比（β）這個重要指標，它衡量的是一個國家既定的財富存量和新創造的財富之間的比例關係，比例越高就說明財富累積更多。這個指標是一個相對指標，它能夠消除不同國家財富數量的不可比性，以及由於物價等因素的影響而產生的不一致性。

資本收益率（γ）是所有的資本化了的資產的收益率，因

此，整個收入就被劃分為資本收入和勞動收入。資本收入是整個被資本化了的資產所獲得的收入，勞動收入是勞動者通過付出勞動而獲取的工資收入。皮凱蒂把高級管理者也納入勞動者行列，並否認勞動的邊際生產率對於勞動收入不平等的解釋意義。

(二) 三個數量關係

由上面的界定，皮凱蒂提出了三個數量關係式，構成了《21世紀資本論》的理論基礎，皮凱蒂稱之為「資本主義第一定律」、「資本主義第二定律」和「財富分化機制」。

(1) 資本主義第一定律。資本收入占國民收入的比例（α）等於資本收益率乘以資本收入比，即 $\alpha = \gamma \times \beta$。這是一個恆等式，如果資本收入比為6，資本的年收益率為5%，那麼資本收入占國民收入的比例就是30%。

(2) 資本主義第二定律。從長期來看，資本收入比與儲蓄率（s）和經濟增長率（g）有如下關係：$\beta = s/g$。這是哈羅德—多馬模型的結論。證明過程如下：$\beta = \triangle K / \triangle Y$，$g = \triangle Y/Y$，$s = S/Y$，根據凱恩斯模型，不考慮折舊，可以假定 $\triangle K = I$、$I = S$，於是可以推出 $g = s/\beta$ 的基本公式。

(3) 財富分化機制。一個社會影響財富集中的因素很多，存在多重機制，但是 $\gamma > g$ 是財富集中和財富分化的主要機制。因為當資本收益率高於經濟增長率時，即使沒有勞動收入，只要將過去累積的財富進行再資本化就可以比經濟增長快得多。皮凱蒂認為，在人類發展歷史上，資本收益率至少是產出（及收入）增長率的10~20倍，這是社會發展的根本動力所在。只有這樣，有產階層才能夠發展除謀生以外的各種事務。

（三）統計分析結論

《21 世紀資本論》裡面大部分內容是關於以上各變量和關係的統計分析。這些分析結果的主要結論包括：

（1）在相當長的時期內，農地逐漸被建築、產業資本以及投資於企業和政府組織的金融資本所取代；歐洲的資本收入比在 1910—1950 年期間經歷了一個 V 形轉變，而美國的資本收入比則相對保持穩定。

（2）二戰前後發達國家前 10% 人群的收入占國民收入的比重都經歷了一個大幅下降的過程，這種不平等程度的顯著縮小來自於上層人群資本收入的減少和食利者的衰落，收入層級的變化表明資本主義社會正在從一個「食利者社會」轉向「經理人社會」。

（3）20 世紀 70 年代以來，益格魯—撒克遜國家前 1% 和前 0.1% 人群的收入占總收入的比例都出現了急遽上升，而歐洲和日本所占的比重幾乎沒有增加。

（4）1910 年以後歐洲和美國前 10% 和前 1% 人群佔有總財富的比重都出現了不同程度的下降，1960 年以前歐洲前 10% 和前 1% 人群佔有總財富的比重一直高於美國，1960 年以後下降到美國的水平以下，其收入集中度的降低程度遠遠大於美國。

（5）從 19 世紀到 1914 年，法國年度遺產繼承額占國民收入的 20%～25%，隨後在 20 世紀 50 年代下降到了 5% 的水平，但又在 2010 年回復到約 15%；同樣地，繼承財富占國民收入的比重在英國和德國也呈現出 U 形曲線，繼承財富的現象在全球範圍的再現將是 21 世紀的重要特徵。

二、貢獻和不足

作為一種長期的歷史數據的研究，《21世紀資本論》在數據資料的收集整理方面是值得肯定的。這項研究用數據統計分析否定了庫茲涅茨根據數十年的數據所提出的倒U形曲線理論。所謂倒U形曲線理論是指隨著經濟增長收入分配有先增大的趨勢，然後將會逐漸縮小。在經濟發展初期，農業部門佔有較大比例，隨著工業化進程，工業部門和農業部門之間的差距逐漸拉大，整個分配趨於不平等；當經濟發展達到較高水平時，由於非農業部門居於支配地位，部門比例變化所引起的作用將縮小，不平等程度提高的財產收入因素的作用降低，以及政府的各種以收入再分配為主旨的政策，各部門內部的分配將趨於平等。皮凱蒂的研究否定了這個假說的合理性，用歷史數據證明了資本主義財富和收入分配的基本趨勢並沒有呈現出庫茲涅茨所設想的理論前景，在一戰前財富和收入不平等都達到了較高水平，兩次世界大戰期間和20世紀40年代到70年代，財富和收入不平等處於較低水平，21世紀以來財富和收入不平等又呈現出日益上升的趨勢，達到了較高的水平，資本主義分配的演變似乎表現出一個U形趨勢，而不是倒U形趨勢。

皮凱蒂的另一個貢獻是對現代經濟學的分配理論的否定。現代經濟學的內核是新古典經濟學，1936年凱恩斯出版《就業、利息與貨幣通論》，主流的經濟學理論被劃分為以馬歇爾經濟學為代表的新古典經濟學和以凱恩斯為代表的宏觀經濟學。薩繆爾森等將微觀和宏觀理論綜合為一門經濟學的兩個部分，但並沒有解決宏觀經濟學的微觀基礎問題。20世紀70年代之後的現代經濟學的發展主要是將宏觀經濟學建立在新古典理論的基礎

之上，從而形成了以新古典主義為理論內核和方法論思想的現代經濟學。新古典主義的邊際生產力分配理論論證的結論是：各生產要素所獲得的收入取決於各自的邊際生產力，資本收入取決於資本的邊際生產力，工資收入取決於勞動力的邊際生產力。皮凱蒂用實際數據證偽了這些論斷的科學性。「在某一特定社會，資本邊際生產率的概念與資本—勞動劃分的制度和規則（或者根本不存在規則）無關」，「狹義來看，邊際生產率理論的最大問題在於，它不能解釋不同國家、不同時期工資分部狀況的差異……與其他市場相比，勞動力市場在更大程度上不是一個全部由自然不變的機制和生硬的技術力量決定的抽象數學概念，而是一個建立在具體規則和妥協基礎上的社會性架構」。①

分配是一個建立在一定物質技術條件上的社會性架構，這是新古典分配理論所認識不到的。皮凱蒂通過對不同財富階層和收入階層在國民財富和國民收入中佔有的份額的比較，全面地揭示了新古典分配理論的局限性。隨著收入層級的上升，資本收入所佔的比重越來越增加，其次是高級勞動者（如高級管理人員）的工資性收入，最後才是普通的勞動收入。這種收入層級的變化是很難用邊際生產力的不同來解釋的，它涉及更深層次的社會階級結構的變化、社會制度的變化。正如皮凱蒂所言：「經濟、社會和政治力量看待『什麼正當，什麼不正當』的方式，各社會主體的相對實力以及由此導致的共同選擇——這些共同塑造了財富與收入不平等的歷史。不平等是所有相關力量聯合作用的產物。」②

皮凱蒂從另一個方面重新迴歸了古典經濟學的傳統。我們

---

① 托馬斯・皮凱蒂. 21 世紀資本論 [M]. 巴曙松，等，譯. 北京：中信出版社，2014：219，315.

② 托馬斯・皮凱蒂. 21 世紀資本論 [M]. 巴曙松，等，譯. 北京：中信出版社，2014：22.

知道，分配在古典經濟學中是核心範疇，特別是李嘉圖將確定支配分配的法則作為政治經濟學的首要問題。20世紀發生的「斯拉法革命」重新將古典傳統復活了。斯拉法將生產方法、收入分配和固定資本作為決定相對價格的主要因素，構建了新的價格方程，探討了收入分配對相對價格變動的影響。以斯拉法的價值理論為基礎，羅賓遜等人所倡導的新劍橋學派對新古典主義的資本理論進行了批判並引起了著名的「劍橋資本爭論」。儘管新劍橋學派的批判對於新古典經濟學來說是致命的，但並沒有動搖新古典經濟學的地位，20世紀80年代之後新古典範式仍然是現代經濟學的支配性範式。皮凱蒂的研究「把分配問題重新置於經濟分析的核心」，從實證的角度對新古典經濟學進行了證偽，這也是這本書能夠迅速引起共鳴的主要原因。像皮凱蒂一樣，很多人都對新古典經濟學以代表性經濟人為基礎的各種數學模型表示了反感。皮凱蒂所使用的數據和方法都是簡單的和容易理解的，但是它對新古典經濟學的批判卻是最有力的。如果說，斯拉法革命是理論領域的一場革命，那麼皮凱蒂的《21世紀資本論》則是現實領域的一場革命。

　　皮凱蒂的第三個重要的貢獻是對資本主義的真實現象的揭示。無論是從縱向來看，還是從橫向來看，這本書的歷史和空間跨度都是非常寬廣的，它挑戰了很多人的傳統認知。我們對自身的財富和收入情況的判斷，常常受到自己生存環境的局限，對於不平等呈現出什麼樣的狀態，很多人都有直觀的認知而沒有科學的認知。皮凱蒂告訴我們，資本主義社會的真實情況是：富人的收入並不是來源於他們的勞動和工作，而是來源於他們所擁有的財產，這並不是一個靠才能和努力就能成功的社會。更為重要的是，我們所面臨的不平等程度正在向歷史上的高點靠近。這些結論不正是馬克思在150年前所得出的結論嗎？在1867年出版的《資本論》第一卷中，馬克思闡釋了資本累積的

一般規律，探討了財富的累積和貧困的增長這種「二律背反」的根源，認為這是資本主義基本矛盾的產物。撇開皮凱蒂所構建的理論解釋，他所做的統計分析工作完全可以作為《資本論》的實證材料，這些材料證明了《資本論》的科學性和現代價值。從這個角度來看，將這本書稱為《21世紀的資本論》是有道理的。馬克思所處的時代統計資料十分缺乏，儘管他從理論邏輯上得出了這些結論，但現實的支撐材料確實極其有限。在《資本論》的第一版序言中，馬克思說他的研究是以英國為案例的，但對德國及其他資本主義國家也適用。馬克思所用到的資料，其數據的歷史跨度和地域範圍都較小，在《資本論》第二卷、第三卷中，這些材料幾乎沒有，這嚴重地制約了馬克思所得出的科學結論的說服力。皮凱蒂的書對於《資本論》具有重要的實證意義，這就要求我們從《資本論》的角度來研究《21世紀資本論》，而不能僅僅只看到《21世紀資本論》的理論邏輯。在我們看來，《21世紀資本論》的不足和缺陷就是它的理論邏輯的說服力太差，以至於不能為豐富的數據資料提供充分的解釋。

第一，雖然皮凱蒂的「資本」概念比現代經濟學更接近馬克思的「資本」的定義，但是其中對金融資產和非金融資產的劃分有重合問題，企業的一部分非金融資產在金融資產中作為所有權憑證被重複統計了，這顯然會影響結論的可靠性。在股票大規模出現之前，企業的非金融資產的再資本化的程度很低，統計的資本總量主要表現為非金融資產，重複統計的部分較少；在金融資產大量出現後，各種金融衍生工具普遍出現，金融資產部分所占比例大幅度增加，這樣資本總量中被重複統計的部分就越來越大，從而會較大地影響結論的可靠性。另外，住宅被計算為國家的非金融資產，住宅的價格計入統計範圍，也缺乏科學性。因為住宅的主要部分是消費性的，而不是資本性的，

把作為消費品的部分計入可以產生資本化收益的總的資本概念中，將使資本收益率不能真實地反應資本的使用效益。皮凱蒂所提出的資本概念的原義是想統計所有能夠資本化的社會財富，並通過這些財富對國民收入的佔有來計算其資本收益率，也就是統計「財產性收入」，但是由於統計數據的可獲得性，皮凱蒂在實際分析中不得不犧牲了數據的準確性，這在一定程度上影響了其研究結論的科學性。馬克思的資本概念是能夠產生剩餘價值的價值，在生產領域創造剩餘價值，在非生產領域中存在的大量的資本化的社會財富則是在分配生產過程中創造的剩餘價值，因此剩餘價值對於投入的生產性資本（包括可變資本和不變資本）反應了整個社會的資本收益率水平。皮凱蒂與馬克思對於資本概念的主要差別在於：皮凱蒂將非生產性資本（非生產領域中可資本化的社會財富）計入了資本的範圍，而將工資性收入排除在資本的範圍之外，這種概念上的差異決定了二者理論體系的不同。假定現實中表現出來的收入（V+M）是生產性資本（C_1）、非生產性資本（C_2）和勞動收入（V）共同分配的，馬克思的資本收益率可表示為 M/（C_1+V），皮凱蒂的資本收益率可表示為 M/（C_1+C_2）。作為可量化的分析，皮凱蒂的概念更具有操作性，馬克思的概念更能夠反應理論邏輯的基本關係。

　　第二，用哈羅德—多馬模型來解釋資本收入比的長期變化趨勢存在理論邏輯問題。首先，哈羅德—多馬模型的理論基礎是現代經濟學的生產要素理論，其中的資本概念指的是作為生產要素的資本，也就是在生產中投入的機器、廠房等實物資本（與之對應的是人力資本）。這一「資本」概念與皮凱蒂定義中的「資本」存在明顯的不同，統計口徑差異很大，用這個模型來解釋資本主義運行的機制，存在邏輯上的嚴重缺陷。其次，哈羅德—多馬模型中的資本收入比衡量的是新增資本與新增收

入的比例，也可理解為在投資時整個社會的資本收入比不變，這與皮凱蒂用總量方法衡量的資本收入比也有很大的不同，將二者進行隨意套用，存在理論上的重大缺陷。用哈羅德—多馬模型來解釋皮凱蒂的統計變量時沒有說服力，更不用說將其歸結為「資本主義的第二定律」所反應出來的荒謬性。

《21世紀資本論》缺乏一個邏輯上連貫的理論框架。概念上的不一致嚴重地損害了這本書的價值。作為對不同收入階層所占收入的比例的嚴格的科學的分析是有重要意義的，但是對於這些統計現象的理論解釋的缺乏和張冠李戴反應了作者缺乏對於收入分配問題的深入的理解。作者批判現代經濟學分析邏輯，卻並沒有提出自己的有說服力的理論邏輯，在對馬克思主義經濟學的若干評價中，皮凱蒂也犯了很多常識性錯誤。這本書能夠引起馬克思主義者的興趣，主要不在於其理論邏輯，而在於其數據分析所揭示的統計現象。這些統計現象可以被視為馬克思科學結論在21世紀的表現形態。

第三，這本書最重要的理論邏輯是資本收益率大於經濟增長率所導致的財富集中的機制，但這一機制並不是證明財富集中趨勢的必要條件。根據前面的資本主義第一定律、資本主義第二定律可以推知：$\alpha = (\gamma s)/g$；當 $\gamma > g$ 時，可以得出 $\alpha > s$，進一步地可以推知財富集中的機制為：資本所獲得的國民收入大於國民收入中用於儲蓄的部分。也就是說，國民收入歸資本所得的部分大於國民收入再資本化的部分，國民收入歸勞動所得的部分小於國民收入用於消費的部分。這個結論對於資本主義經濟來說是顯而易見的。根據馬克思的模型：$W = C+V+M$，其中 V 是勞動收入，M 是資本收入，資本主義擴大再生產的條件是 M 中的一部分資本化，另一部分用於資本所有者的消費，顯然 M 中資本化的部分即投資應小於資本所得，勞動收入全部用於勞動者的消費，小於消費的總和，因為 M 中還有一部分進

入資本家的消費。在馬克思看來，只要資本主義處於擴大再生產的狀態，資本主義累積的一般趨勢必然是財富佔有的兩極分化。問題在於如果考慮勞動收入的一部分進入儲蓄，從而成為國民收入資本化的一部分，結論是否還成立。根據皮凱蒂財富集中機制（$\gamma>g$），可以推出 $\alpha>s$，即 $M>s(V+M)$，$(M/V)>s/(1-s)$，資本收入與勞動收入的比例大於投資與消費的比例，這裡描述的是一種收入分配傾向於資本、有效需求結構傾向於消費的經濟狀態。這種經濟狀態確實更有利於財富的增長，但它並不是財富集中的必要條件。財富的集中或者說累積的資本的量相對於勞動者收入的增長，總的來說是與擴大再生產中的利潤不斷資本化相關的，只要存在著擴大再生產的條件，這種財富集中的趨勢就必然存在。

　　皮凱蒂的分析方法是將功能性收入分配和規模性收入分配、財富和收入分配結合起來。一方面，他統計了不同收入層級資本收入和勞動收入的比例；另一方面，他通過資本主義第一定律將財富與收入分配聯繫起來。根據馬克思的基本框架，我們對皮凱蒂的理論進行了改造。

　　假定社會的平均利潤率為 r，則資本收入占比 $\alpha=M/(V+M)$，資本產出比 $\beta=(C+V)/(V+M)$，因此 $\alpha=r\beta$，這是一個恒等式。在形式上這個恒等式與皮凱蒂的恒等式一樣，但這裡的資本概念不同，指的是資本家購買生產資料和勞動力所付出的成本，這部分成本是能夠帶來價值增值的價值。如果我們用馬克思的經濟變量進一步表示資本收入占比，則 $\alpha=m/(1+m)$。

　　根據資本產出比的定義以及 $C/V=k$ 和 $M/V=m$，可推導出 $\beta=(1+k)/(1+m)$；同樣地，如果我們根據哈羅德—多馬模型的推導，假定累積率為 a，假定資本有機構成不變，則 $\triangle K=I=S=aM$，$\triangle V=aM/(1+k)$，$\triangle C=kaM/(1+K)$，$\triangle Y=(1+m)\triangle V$，所以 $\beta=\triangle K/\triangle Y=(1+k)/(1+m)$，$g=\triangle Y/Y=am/(1$

+k）= ar，s = S／Y = am／（1+m）。這表明根據馬克思的理論，β = s/g依然成立。

根據資本主義的第二定律，我們可知，社會的總資本量為（C+V+M），資本化的剩餘價值 aM 一部分用於追加的生產資料 △C=kaM／（1+K），另一部分用於追加的消費資料 △V= aM／（1+k），則可用的不變資本為［C+ kaM／（1+K）］，可用的可變資本為［V+ aM／（1+k）］，創造的剩餘價值為 m［V+ aM／（1+k）］，相對於總資本（C+V+M）增加的資本量為［amM／（1+k）+aM］，於是可得到社會總資本的增長速度：u =［amM／（1+k）+aM］／（C+V+M）= g= ar。a 的大小受到 r 的影響，當社會的平均利潤率較高時，資本家的意願累積率也較高，從而投資率較高，資本累積速度就越快。根據皮凱蒂的結論，r>g 的前提是 a<1，即累積率小於 1，這個條件顯然是可以滿足的，因此，皮凱蒂的財富集中機制並不是必要的。

總結以上分析，我們對於《21世紀資本論》的總體評價是：這本書所提供的大量數據資料對於我們認識財富和收入分配的歷史變遷是極有價值的，但是在這些統計現象背後的理論邏輯上，其作者的認識是膚淺的，其作者所提供的理論對於結論的解釋是不充分的。因此，我們主張在接受皮凱蒂所做的實證研究結果的基礎上，用馬克思的理論來進行解釋和闡發，將實證材料與馬克思的理論邏輯結合起來，以豐富和發展馬克思主義理論研究。

三、馬克思的解釋

在馬克思看來，資本主義的歷史使命並不是消費的擴大或者社會福利的增長，而是「為累積而累積，為生產而生產」。因此，雖然古典經濟學正確地把握住了這個方面，但是在資本累

積與勞動人口和工資率之間的關係上，卻由於習慣性地近視或者階級利益上狹隘的辯護性質而犯了「倒果為因」的錯誤：不是人口的絕對或相對變動引起資本的短缺或者過剩，而是資本累積的運動從根本上制約著勞動人口和工資率的變動。[①] 在資本主義的經濟體系中，資本累積、勞動人口和工資率之間存在著一種負反饋的內在機制，使各變量變動的界限保持在不侵犯資本主義制度的基礎並且能夠不斷擴大再生產的前提之上。

馬克思對這種機制的分析分為兩個步驟，涉及資本累積量（或速度）（ΔM）、資本有機構成（K）、工資率（W）、勞動人口（L）、過度勞動程度（P）、生存工資（$\overline{W}$）、人口自然增長率（n）等變量。根據產品創新引起資本累積的不同特徵，可以劃分為（單純量的）累積速度增加、資本有機構成提高以及二者的結合。

（1）假定資本有機構成不變條件下，勞動人口、資本累積、工資率之間的關係。資本有機構成不變，勞動生產力不變，隨著資本累積量（或速度）的增加，對勞動人口的需求也會不斷增加。在人口（勞動人口）自然增長率既定的情況下，隨著資本累積對勞動力需求的增長，「遲早必然會出現這樣的時候：累積的需要開始超過通常的勞動供給，於是工資提高」。馬克思認為，工資的提高雖然不像馬爾薩斯所斷言的那樣，只要給予工人稍微好的生活條件，就會以幾何級數增進工人的繁殖，但馬克思也承認，工資的提高「多少有利於雇傭工人的維持和繁殖」[②]，儘管這絲毫沒有改變資本主義生產的基本性質。用數學

---

① 這是亞當・斯密《國民財富的性質和原因的研究》一書中的基本觀點。
② 這有利於降低嬰兒死亡率。馬克思似乎也讚同斯密的話：「貧困似乎會促進繁殖」，但是，同時馬克思也痛苦地調侃說，工人類似於動物，死亡率越高，其繁殖力就越強。顯然，在把人本身貶低為生產工具的資本主義制度下，特別是馬克思所生活的時代，由於貧困，嬰兒出生率和死亡率都相當高。參見：馬克思. 資本論：第1卷 [M]. 北京：人民出版社，1975：673.

關係表示，勞動力的需求取決於資本累積量（或速度），勞動力的供給取決於人口自然增長率，即：$L_D = f(\Delta M, W)$，$L_S = f(n, W)$，$\frac{\partial L_D}{\partial \Delta M} > 0$，$\frac{\partial L_D}{\partial W} < 0$，$\frac{\partial L_S}{\partial W} > 0$。

在圖 10-1 中，隨著資本累積的增長，勞動需求曲線由 L_D 移至 L'_D，均衡條件下勞動人口的數量從 L_1 增加到 L_2，工資率從 W_1 增加到 W_2。隨著工資率和工資量提高到一定界限，累積將會受到勞動價格不斷提高的反擊，因為可變資本與剩餘價值進而與剩餘價值的資本化程度呈反比例關係，勞動價格的不斷提高遲早要威脅到資本累積的動力，使累積減少，即 $\frac{\partial \Delta M}{\partial W} < 0$，從而導致工資率下降。顯然，這裡的累積量是自變量，工資量是因變量，資本累積的絕對運動成為可供剝削的勞動力數量的相對運動，而不是相反①。

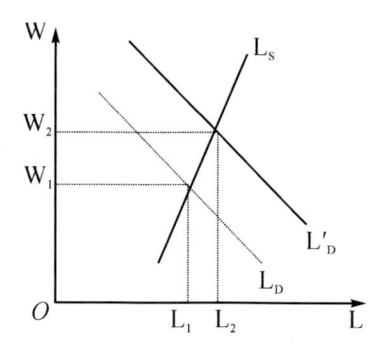

圖 10-1 資本累積對勞動力人口和工資率的影響

（2）在函數關係中引入資本有機構成和過度勞動程度兩個變量。資本累積最強有力的槓桿是社會勞動生產力的提高，在實物關係上表現為單位勞動力推動生產資料數量不斷增長，在價值構成關係上表現為資本有機構成不斷提高。在資本主義條

---

① 馬克思. 資本論：第 1 卷 [M]. 北京：人民出版社，1975：680.

件下，競爭作為外在的強制規律支配著每一個資本家，資本具有提高勞動生產率進而提高資本有機構成的外在壓力和內在衝動，這是不以單個資本家的主觀意志為轉移的。在馬克思的模型中，資本累積對勞動人口存在兩種相反的運動關係：一方面，資本累積增加對勞動人口的需求，但增加的幅度隨著資本有機構成的不斷提高而不斷降低；另一方面，資本累積與資本有機構成提高相互促進，從而使週期性地再生產出來的舊資本，越來越排斥它以前所雇傭的工人，而且這種排斥還要受到受雇工人過度勞動程度不斷提高（延長勞動時間、提高勞動強度）的進一步強化，從而使就業人數減少的比例大於可變資本相對量隨資本有機構成提高而減少的比例。

馬克思認為，在資本主義發展的初期，資本有機構成提高得比較慢，資本累積對勞動人口的吸引力占主導地位，資本累積主要表現為資本主義的統治範圍的不斷擴張。在資本主義越過這個階段之後，隨著資本有機構成的提高，資本對勞動的排斥力將逐漸占據主導地位，這時資本累積會以越來越快的速度排斥工人，從而以日益擴大的規模使工人自身成為相對過剩人口。相對過剩人口不僅為資本主義經濟週期性地擴張或停滯提供了可供雇傭的勞動後備軍，而且由於相對過剩人口的存在，工人之間進行激烈的生存競爭，資本家將工資壓低或維持在工人的「生存工資」水平上。用數學關係可表示為：

$$L_D = f(\Delta M, W, K, p), \frac{\partial L_D}{\partial \Delta M} > 0, \frac{\partial L_D}{\partial W} < 0, \frac{\partial L_D}{\partial K} < 0,$$

$$\frac{\partial L_D}{\partial p} < 0;$$

$$L_S = f(n, \bar{W}, W), \frac{\partial L_S}{\partial W} > 0。$$

在圖10-2中，勞動需求曲線受資本累積量（或速度）、資

本有機構成、過度勞動程度的影響，隨著經濟的週期性波動而向左或者向右運動，運動的範圍被限制在工人只能接受生存工資 $\bar{W}$ 的那一段勞動供給曲線上：在經濟繁榮時期，資本加速累積，勞動需求曲線迅速向右運動，對勞動人口的需求隨之增長並向 L_3 靠近，引起工資率上升。這時，資本家就會採取節約勞動的技術改進，通過提高資本有機構成和過度勞動程度來削減勞動支出，使勞動需求曲線再次向左運動，工資回復到生存工資的水平上。在經濟蕭條時期，資本規模縮小或者累積速度降低，勞動需求曲線會進一步向左移動，相對過剩人口進一步增加，在巨大的生存壓力和激烈的生存競爭中，工人的工資甚至會降低到生存工資水平之下。故而，馬克思指出：「產業後備軍在停滯和中等繁榮時期加壓力於現役勞動軍，在生產過剩和亢進時期又抑制現役勞動軍的要求。所以，相對過剩人口是勞動供求規律借以運動的背景。它把這個規律的作用範圍限制在絕對符合資本的剝削欲和統治欲的界限之內。」[①]

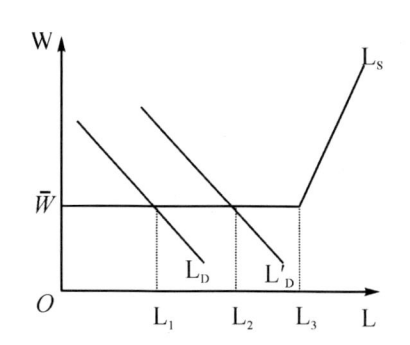

圖 10-2　資本累積與相對過剩人口

這個模型表明：在資本主義制度下，社會財富的增長同財富的創造者對財富的佔有之間存在著一種不斷擴大的對抗性趨勢，工人創造的社會財富越多，工人對社會財富的佔有就越少，

---

① 馬克思. 資本論：第 1 卷 [M]. 北京：人民出版社，1975：701.

執行職能的資本規模越大、增長越快,工人的絕對數量和勞動後備軍就越多,工人就越貧困①。這個「二律背反」是資本主義基本矛盾的必然產物,是生產力和生產關係的矛盾運動在資本主義條件下的特殊表現,馬克思稱之為「資本主義累積的絕對的、一般的規律」。同現代經濟學不斷教條式地重複並用複雜的數學模型證明了的斯密的「看不見的手」原理相比,馬克思的累積趨勢理論是另一種「看不見的手」,這只「看不見的手」(負反饋機制)不是使私人利益同社會利益相協調,而是使私人利益同社會利益相對抗、相衝突。這種矛盾歸根到底表現為工人自己的有酬勞動和無酬勞動之間的關係、工人對自身的關係,所以它是異化勞動在資本主義條件下的表現形式。由此,《資本論》最終又回到了《1844年經濟學哲學手稿》中的核心概念,只不過在這裡以政治經濟學批判和實證研究的方式闡釋了「異化」這個抽象的哲學概念。

---

① 這裡指的是相對貧困。

第十一章 中國的分配格局與宏觀經濟

前面我們分析了分配理論所涉及的幾個主要方面，對馬克思的分配理論進行瞭解讀，從新的角度進行了擴展和理論探討，在本章我們將在理論分析的基礎上對中國分配的變化進行研究，並提出結論的政策建議。

一、改革開放以來中國分配格局的變化

從制度經濟學的角度來看，改革開放是一種重大的制度變遷，其對中國分配格局變化的影響是深遠的。根據經濟學研究的一般思路，我們首先考察分配格局變化的幾個事實性特徵。

（1）收入基尼系數呈逐漸擴大趨勢，近年來有所收斂。目前除了國家統計局公布的基尼系數外，中國學者的研究也廣泛地涉及基尼系數的測算問題。根據這些研究結果，我們選取較有代表性的幾組數據進行分析，從總體上觀察中國收入分配格局的基本情況。

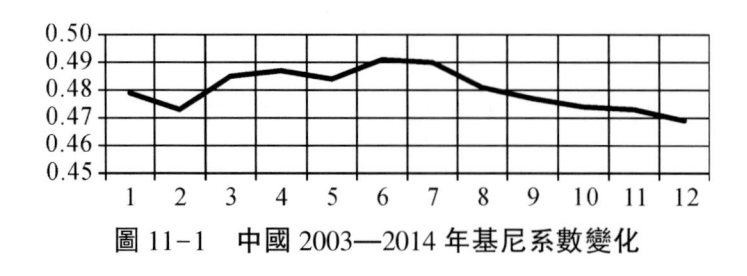

圖 11-1　中國 2003—2014 年基尼系數變化

在國家統計局公布的 2003—2014 年的基尼系數中，2003 年是 0.479，2004 年是 0.473，2005 年是 0.485，2006 年是 0.487，2007 年是 0.484，2008 年是 0.491，2009 年是 0.490，2010 年是 0.481，2011 年是 0.477，2012 年是 0.474，2013 年是 0.473，2014 年是 0.469。圖 11-1 顯示了 2003—2014 年中國基尼系數的動態變化趨勢，2008 年基尼系數達到最高點後，近年來呈逐漸縮小趨勢，但總體上仍然保持在較高水平，遠遠大於 0.4 的警戒線。

根據胡志軍等的研究，中國 1985—2008 年，農村、城鎮和總體基尼系數如表 11-1 所示。可以看到，在改革開放初期的

表 11-1　中國 1985 年、1990 年、1995 年、2000—2008 年農村、城鎮和總體基尼系數變化[①]

年份	農村基尼系數	城鎮基尼系數	交叉項	總體基尼系數
1985	0.280,2	0.166,5	0.012,0	0.316,8
1990	0.319,8	0.179,5	0.013,6	0.358,4
1995	0.339,5	0.215,7	0.017,5	0.376,1
2000	0.345,1	0.253,1	0.015,3	0.401,2
2001	0.350,4	0.264,8	0.014,6	0.412,1

---

① 胡志軍，等.中國總體收入基尼系數的估計：1985—2008 [J].經濟學（季刊），2011 (4).

表11-1(續)

年份	農村基尼系數	城鎮基尼系數	交叉項	總體基尼系數
2002	0.352,2	0.317,1	0.017,9	0.436,7
2003	0.357,6	0.327,4	0.016,4	0.449,3
2004	0.342,4	0.335,1	0.014,2	0.450,6
2005	0.337,0	0.340,0	0.012,0	0.456,5
2006	0.334,9	0.336,6	0.010,9	0.456,3
2007	0.335,2	0.332,6	0.010,2	0.455,9
2008	0.340,4	0.340,2	0.025,2	0.476,7

1985年，農村基尼系數為0.280,2，城鎮基尼系數為0.166,5，總體基尼系數為0.316,8，農村的收入不平等程度遠遠大於城鎮，城鎮收入不平等程度相對來說比較小，但包括農村和城鎮的全國收入不平等程度卻有較大的增加，這說明城鄉差距已經有明顯的表現。從圖11-2可以看出，農村基尼系數和城鎮基尼系數都呈上升趨勢，在2005年以前城鎮基尼系數低於農村基尼系數，從2005年開始城鎮基尼系數與農村基尼系數幾乎相當。這說明2005年以後中國農村內部和城鎮內部的收入不平等程度差不多。值得說明的是，國家統計局公布的2003—2008年基尼系數比胡志軍等估算的要高。

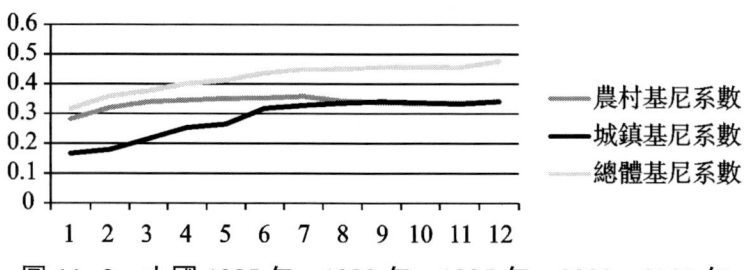

圖11-2 中國1985年、1990年、1995年、2000—2008年
農村、城鎮和總體基尼系數變化

（2）財富不平等程度迅速上升，財富基尼系數迅速變大。根據北京大學中國社會科學調查中心發布的《中國民生發展報告 2014》，中國的財富基尼系數 1995 年為 0.45，2002 年為 0.55，2012 年家庭淨財產基尼系數達到 0.73，頂端 1%的家庭佔有 1/3 以上的財產，底端 25%的家庭佔有 1%左右的財富。西南財經大學中國家庭金融調查與研究中心 2014 年發布的《中國家庭財富的分佈及高淨值家庭財富報告》顯示，2011 年中國的財富基尼系數為 0.761，2013 年為 0.717；2013 年資產前 10%的家庭佔有總資產的 60.6%，資產最低的 10%家庭只佔有 0.1%的財富，城市前 10%家庭佔有城市總資產的 54.5%，最低 10%家庭佔有城市總資產的 0.1%，農村前 10%家庭佔有農村家庭總資產的 52.7%，最低 10%家庭佔有農村家庭總資產的 0.2%。圖 11-3 顯示了中國 2011 年、2013 年各階層資產占比比較。

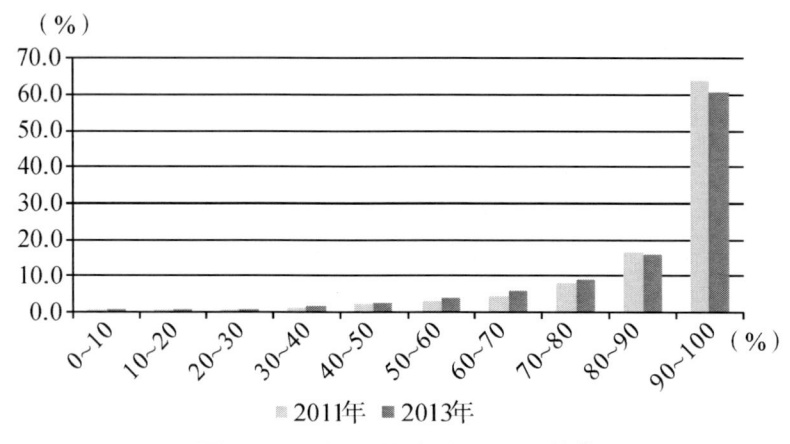

圖 11-3　各階層資產占比比較①

（3）城鄉收入差距長期保持在較高水平。城鄉二元經濟結構長期存在，城鄉收入比保持在 3 以上。根據《中國統計年鑒》

---

① 甘犁，等.中國家庭金融調查報告（2014）[M].成都：西南財經大學出版社，2015：184-185，218-220.

數據，用城鎮居民家庭人均可支配收入除以農村居民家庭人均純收入計算城鄉收入差距。在圖 11-4 中，中國城鄉收入比從 1997 的 2.47 逐漸上升到 2009 年的 3.33 的最高點，之後逐漸回落至 2012 年的 3.10。這表明中國城鄉差距並沒有顯著縮小。

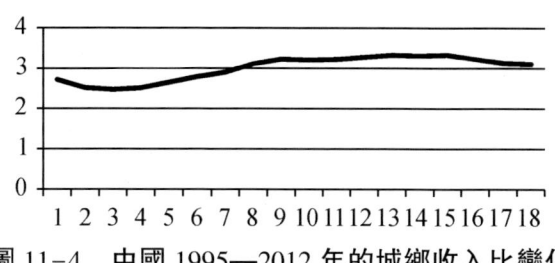

圖 11-4　中國 1995—2012 年的城鄉收入比變化

（4）勞動收入份額長期下降並處於較低水平。學術界對中國勞動收入占比進行了大量的研究，研究的結論基本一致，中國的勞動收入占比在 2005 年後經歷了長期的下降，這與卡爾多特徵事實表明的勞動收入占比長期穩定的結論不符。圖 11-5 顯

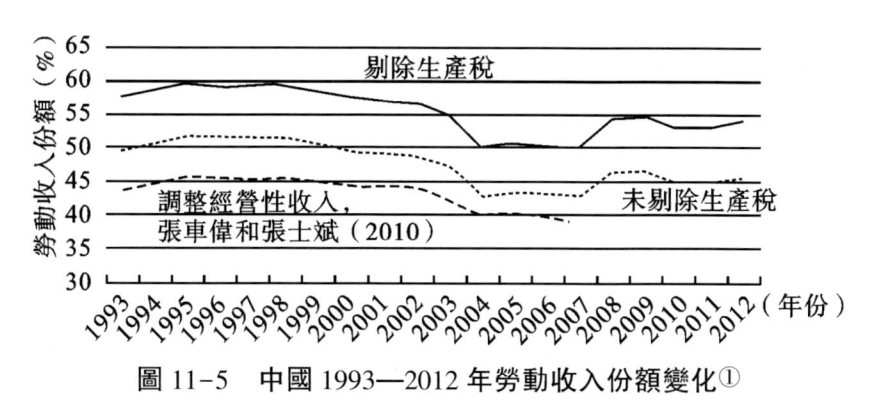

圖 11-5　中國 1993—2012 年勞動收入份額變化①

示了 1993—2012 年中國勞動收入份額的變化趨勢，2007—2009 年有一個明顯的上升趨勢，2009—2012 年又下降了，但高於

---

① 王曉霞，白重恩．勞動收入份額格局及其影響因素研究進展 [J]．經濟學動態，2014（3）．

2004—2007 年的水平。李稻葵等的研究表明，與世界數據相比，中國的勞動收入占比處於較低水平，特別是與發達國家相比。①

以上幾組數據集中反應了中國收入分配演變的趨勢以及財富分配的基本狀態，表明目前中國的財富和收入不平等已經達到了相當高的水平，並存在進一步惡化的風險。由於分配是國民經濟運行中最為重要的決定性變量，分配問題的惡化必然會對中國的經濟發展和宏觀經濟形成各方面的制約。

二、影響中國分配格局的主要因素

（一）分配制度的變遷

在影響中國收入和財富分配變化的因素中，最重要的是分配制度的變遷。在計劃經濟年代，中國實行的是生產資料公有制和按勞分配制度。雖然這種經濟制度能夠將財富和收入不平等維持在較低的水平，但在這種經濟環境下，由於無法提供經濟協調的各種有效信息以及勞動激勵和創新激勵不足，經濟缺乏活力，效率低下，這種體制從長期來看是無法自我維持的。從 1978 年之後，中國實行了一系列市場化改革，基本經濟制度和經濟體制都發生了極大的變化。與之相應，中國的分配制度也經歷了一個轉軌和過渡的歷史進程，進而在量的方面表現出現在的分配格局。

中國的改革從總體上看是一種漸進式的改革，從生產資料公有制和計劃經濟到當前的混合所有制和社會主義市場經濟大約進行了 30 年，保持了 30 年的高度增長。與此同時，中國的分配制

---

① 李稻葵，等. GDP 中勞動份額演變的 U 型規律 [J]. 經濟研究，2009 (1).

度從完全的按勞分配轉變為按要素分配占重要地位。在微觀領域，原來的集體經濟形式基本上不存在了，國有企業的資本主體由完全國家或集體轉變成個人或法人持股的混合形式，在勞動管理、企業經營等方面都採取了雇傭勞動的形式；在宏觀領域，國有資產所占比例已經低於私營經濟和外資經濟，國家從競爭性領域逐步退出，在關係到國家戰略和國家安全的行業領域，保持國家控股但逐步允許民間資本進入。按照馬克思主義的基本原理，生產關係決定分配關係，基本經濟制度和經濟體制的改變必然會產生相應的分配制度的改變，分配制度是生產關係的結果。中國持續30餘年的改革歷程，決定了當前中國的分配格局。

（二）二元經濟結構

二元經濟結構是經濟發展的必然產物，從農業經濟到工業經濟、從農村文明到城市文明的轉變，基本上都會產生二元經濟結構的問題。在計劃經濟年代和改革開放中期以前，中國實行的城市偏向的經濟政策也是造成二元經濟結構的重要因素。

劉易斯的二元經濟結構模型從人口流動和過剩人口從傳統部門向現代部門轉移的角度分析了發展中國家的經濟發展問題。中國在改革開放前雖然建立了完整的工業體系和國民經濟基礎，但是仍然處於一個農業人口占大多數的階段，改革開放通過制度創新放開行業領域和廣泛引進外資，引發了中國經濟結構的根本性變革，大量人口從農業領域向工業領域遷移、從內地到沿海遷移、從農村向城市遷移，造成了農村與城市的兩極分化，城鄉二元結構是造成中國收入差距過大的重要因素，這得到了實證研究的支撐。胡志軍等的研究表明，城鄉差距是造成中國總體差距的主要原因，從表11-2可以看出，即使在改革開放初期的1985年，中國城鄉差距對總體基尼系數的貢獻也達到了50.613,5%，超過了農村、城鎮內部差距對總體基尼系數的貢獻，2008年中國城鄉差

距對總體基尼係數的貢獻就達到 60.528,3%，而農村、城鎮內部差距對總體基尼係數的貢獻僅僅為 34.178,6%。

表 11-2　　中國總體基尼係數的城鄉分解①

年份	1985	1990	1995	2000	2005	2008
農村、城鎮內部差距佔總體差距的比重（%）	45.61	41.546,3	40.512,8	35.470,5	34.885,1	34.178,6
城鄉差距佔總體差距的比重（%）	50.613,5	54.670,7	54.839,0	60.715,7	62.484,4	60.528,3

（三）雙軌制運行

中國經濟發展的主要特徵是制度轉軌與高速增長並存，經濟發展是在傳統經濟制度向現代經濟制度的逐步轉變過程中進行的，因此在經濟運行的制度層面上就表現為「雙軌制」：一方面，傳統的經濟制度在經濟運行中還保留著一定的地盤，發揮著影響力；另一方面，現代經濟制度的範圍和領域逐漸擴大。這種此消彼長的制度變遷過程對中國經濟運行產生了極大的影響，塑造了中國經濟發展的基本特徵。

經濟發展的雙軌制運行對分配而言主要有三個方面的影響：第一，造成了傳統部門和現代部門之間的勞動收入差距。由於國有企業運行的方式不同於私營企業和外資企業，國有企業的高工資和高福利長期以來成為收入差距的一個影響因素。第二，不同制度層面的價格差也導致了分配的不平等。由於改革是漸進的，先進行市場化改革的部門和領域與後進行改革的部門和領域就形成了人為的價格差異，市場定價和非市場定價之間所導致的要素價格扭曲和產品價格差異顯著地影響了分配的格局。

---

① 胡志軍，等.中國總體收入基尼係數的估計：1985—2008［J］.經濟學（季刊），2011（4）.

第三，市場化改革和對外開放的先後次序也對中國的區域差距產生了重大影響，造成了沿海和內地之間重要的分配差距。凡是改革開放在前的領域和地區，其資本累積就比較快，率先實現經濟起飛，從而獲得經濟發展的優勢，這是拉大中國分配差距的重要原因。

(四) 權力參與分配

在經濟制度轉軌的過程中，制度邊界的不確定性和產權改革的不到位以及各種制度之間的摩擦，造成了各種行政權力參與分配的各種灰色地帶和非法領域，使國民財富和國民收入向一部分人轉移，從而拉大了財富和收入不平等。例如，國有資產流失問題、農民拆遷問題、公款消費問題、政府的尋租和設租問題等，都是由於權力界定的不明晰、體制機制不健全、權力運行不透明所導致的分配關係的異化，是改革開放以來中國分配變化的重要影響因素。

在理想的情況下，分配應該是市場行為的結果，各種生產要素按照市場機制取得相應的報酬，要素收入是所有權的各項權能在經濟權利上的實現。當市場經濟的各種微觀經濟權利被各種政治權力所干擾和制約時，初次分配領域的市場決定性作用就不能夠完全實現，權力參與分配所造成的各種要素價格扭曲就會導致收入分配的異化。中國轉軌經濟和制度變遷的基本經濟特徵決定了權力參與分配的不可避免性，在市場化過程中，從行政控制和計劃經濟到自主交易和市場制度的轉變，採取了一種「摸著石頭過河」的方式，缺乏一個有效的依據程序的約束框架，各種行政權力介入了分配領域，在兩種經濟制度的中間地帶攫取了經濟中的大量剩餘，造成財富和收入分配向掌握或壟斷權力的一部分人傾斜，成為拉大中國分配差距的重要原因。

(五) 市場經濟的自我分化

中國的社會主義市場經濟具有市場經濟的一般特徵，除了資本所有權的國家持有、管理和使用的不同之外，其經濟運行機制與市場經濟國家是一樣的。也就是說，它仍然是一種依據市場交易而存在的經濟制度，採取資本累積的方式來獲取經濟增長，採用優勝劣汰的競爭原則。這決定了社會主義市場經濟同樣具有內在的自我分化的傾向，這種傾向必然造成財富佔有的兩極分化，從而形成財富不平等和收入不平等的不斷被拉大趨勢。

在經濟制度的轉型過程中，中國的私營經濟和外資經濟以及國有經濟中的私有成分逐漸增加，已經成為國民經濟的主體之一，具有完全市場經濟性質的經濟成分，符合我們分析的資本累積的兩極分化的一般趨勢，內在地具有拉大財富和收入差距的傾向。這是中國改革開放以來財富和收入差距不斷惡化的根本原因。應對這種不斷加強的兩極分化趨勢，西方國家採取了廣泛的國家干預措施。例如，在初次分配領域加強工人的談判力量，建立可持續的工資制度、進行勞動保護，在再分配領域提高稅收、實施廣泛的社會保障措施。這些經濟機制的建立為抑制市場經濟的兩極分化提供了一個制度框架，是資本主義負反饋作用的結果，也是一種反向調節機制。中國在市場化的歷史進程中，完全市場經濟領域在不斷擴大，但是與之相應的各種反向機制並沒有有效地建立起來或發揮作用，沒有形成一個有效制約兩極分化的市場機制之外的制度框架。例如，根據岳希明等人的研究，中國的稅制在整體上並不是累進的，而是累退的，雖然個人所得稅是累進的，但由於規模性而不能夠影

響整個稅制的累退性質。① 如何建構一個與社會主義市場經濟相適應的反向調節的制度框架，是中國經濟發展面臨的首要問題之一。

三、分配對中國宏觀經濟的制約和影響

生產關係的變化導致分配關係的變化，生產決定分配，而分配又會反作用於生產，形成對生產的制約。分配變化對中國宏觀經濟的影響主要表現在以下幾個方面：

（1）制約消費需求，導致有效需求不足。在改革開放初期，我們面臨的主要問題是物質生產滿足不了人民群眾日益增長的物質文化需要的矛盾，整個經濟處於短缺狀態。隨著改革開放的深入推進，在20世紀90年代中後期，中國逐漸從賣方市場轉變為買方市場，有效需求不足逐漸顯現。當前，中國產能過剩已經相當嚴重，主要原因在於中國收入差距拉大造成最終需求（消費需求）萎縮，從而抑制了整個有效需求，2008年金融危機後中國外向型經濟受到國際經濟衰退的影響，使這一矛盾更加突出。按照凱恩斯的方法，在短期內增加投資能夠擴大有效需求，但從長期來看，擴大投資所形成的生產能力仍然需要通過最終需求來化解，生產的最終目的是消費，投資只是中間需求，只有消費需求增加了才能有效地拉動有效需求的增加。

（2）刺激需求導致大量政府債務。面對有效需求不足的困境，中國政府實施了龐大的政府支出以刺激經濟，保持經濟增長速度，由此累積了大量的地方政府債務，政府債務的巨額增

---

① 岳希明，等.中國稅制的收入分配效應測度［J］.中國社會科學，2014（6）.

加加大了經濟運行的系統性風險，成為影響宏觀經濟穩定的重要的不確定因素。

20世紀80年代以來，為應對生產過剩的壓力，西方國家採取了通過私人債務進行借貸消費來刺激消費需求、通過政府債務來維持社會保障體系和增加投資需求的方法，使私人債務和主權債務巨額增長，並引發了2007年開始的次貸危機以及隨後的歐洲債務危機。當前中國的宏觀經濟也面臨著類似的情況，控制債務的比例、防範金融風險是中國經濟運行面臨的重要問題。

（3）財產和收入差距過大制約經濟結構轉變。在發展中國家的發展過程中，大多數國家陷入了中等收入陷阱，不能實現經濟結構的有效躍遷，這裡面重要的原因就是發展過程中造成的過大的財產和收入差距對發展方式轉變的制約。第一，財產和收入的不平等加劇社會矛盾，成為影響宏觀經濟穩定的重要的外部因素，而社會穩定才能夠為經濟發展提供一個良好的環境。第二，財產和收入流動性的固化，將使個人喪失勞動積極性，社會發展沒有活力，缺乏創新動力。第三，在不平等較為嚴重的經濟中，經濟剩餘往往存在大量的浪費。普雷維什所闡述的外圍國家依附中心國家所產生的大量剩餘外流以及剩餘被用於炫耀性消費，描述了發展中國家在與發達國家的結構性關係中所存在的發展困境。第四，收入差距過大將抑制消費結構的提高，不利於創新驅動發展的增長模式的實現。創新意味著新的消費模式的出現，只有在出現大眾化消費的情況下，才能實現創新驅動發展的效果。美國汽車產業的發展正是由於福特公司的標準化生產和高工資，一方面極大地降低了汽車的生產成本，另一方面通過提高員工的工資讓他們成了汽車的消費者。

四、調節財產和收入分配，實現共同富裕

隨著改革開放的逐步深入推進，中國經濟發展將出現財產和收入差距不斷拉大的問題，早在改革開放初期就為國家領導人所重視。1986 年，鄧小平同志在《爭取整個中華民族的大團結》的報告中指出：「我們是社會主義國家，國民收入分配要使所有的人都得益，沒有太富的人，也沒有太窮的人，所以日子普遍好過。」1990 年，鄧小平同志在《善於利用時機解決發展問題》的談話中提到：「社會主義最大的優越性就是共同富裕，這是體現社會主義本質的一個東西。如果搞兩極分化，情況就不同了，民族矛盾、區域矛盾、階級矛盾都會發展，相應的中央和地方的矛盾也會發展，就可能出亂子。」1992 年，《在武昌、深圳、珠海、上海等地的談話要點》中，鄧小平同志進一步指出：「20 世紀末，就應突出解決兩極分化的問題。走社會主義道路，就是要逐步實現共同富裕。」當前，中國的分配格局的狀態印證了鄧小平同志的預見，財產和收入差距已經達到了一個臨界點，調節財產和收入差距成為中國政府面臨的重要任務。

對這個重要任務的完成要堅持實事求是的原則，既不能走回頭路也不能走邪路，必須依據中國經濟發展的實際情況，制定合理的政策措施。

（1）堅持依法治國的理念，規範各種財富和收入分配亂象，形成市場的決定性作用和政府再分配的良性分配機制。運用法律制約權力對財產和收入的不正當攫取，堅決打擊貪污腐敗現象；規範企業用工制度和工資制度，建立健全勞動保護措施，維護勞動者合法的收入權利；建立勞工談判機制，形成資本和勞動之間對等的議價制度。

（2）建立調節財產和收入分配的稅收制度，充分發揮稅收對分配的調節作用。建立一個財產稅的制度框架，徵收資本稅、資本所得稅等稅收項目；形成一個累進的稅收體系，對高收入者徵收高額稅收，對低收入者免稅，或者直接將高收入者的收入轉移給低收入者。

（3）建立健全社會保障體系，形成一個有利於個人發展的社會事業制度。目前中國的社會保障體系很不完善，不能夠起到調節財產和收入不平等的作用，特別是農村地區的社保體系極少，難以滿足社會需要，亟須從制度上和資金上進行籌劃建設。

（4）促進知識的擴散，加強對培訓和技能的資金投入。在應對市場力量導致的兩極分化趨勢的措施中，提高不同地區、不同階層的人力資本水平，是主要的促進財富和收入趨同的力量。根據現代人力資本理論，應加強落後地區和低收入階層的人力資本投入，提高他們的教育水平和技能。這也是皮凱蒂研究得出的主要結論。在《21世紀資本論》中，皮凱蒂多次強調，知識的擴散和分享是收入和財富趨同的主要機制，「供求法則和這一法則的變體——資本和勞動力的流動——也通常會促進財富和收入的趨同，但其影響力沒有知識和技能的擴散那麼大，並且它的含義經常模棱兩可或自相矛盾。知識和技能的擴散對於整體生產率的增長和一國內與各國間不平等的消減起著關鍵性的作用」[1]。

---

[1] 托馬斯·皮凱蒂. 21世紀資本論［M］. 巴曙松，等，譯. 北京：中信出版社，2014：22.

參考文獻

[1] 馬克思. 資本論 [M]. 北京：人民出版社，1975.

[2] 亞當·斯密. 國民財富的性質和原因的研究 [M]. 郭大力，王亞南，譯. 北京：商務印書館，2003.

[3] 約瑟夫·熊彼特：經濟發展理論——對於利潤、資本、信貸、利息和經濟週期的考察 [M]. 何畏，等，譯. 北京：商務印書館，1997.

[4] 克拉克. 財富的分配 [M]. 陳福生，陳振驊，譯. 北京：商務印書館，2014.

[5] 托馬斯·皮凱蒂. 21世紀資本論 [M]. 巴曙松，等，譯. 北京：中信出版社，2014.

[6] 史正富. 勞動、價值和企業所有權——馬克思勞動價值論的現代拓展 [J]. 經濟研究，2002（2）.

[7] 周其仁. 市場裡的企業：一個人力資本與非人力資本的特別合約 [J]. 經濟研究，1996（6）.

[8] 趙磊. 剩餘索取權的歸屬：理論分歧與現實變化 [J]. 學術月刊，1997（7）.

[9] 孟捷. 馬克思主義經濟學的創造性轉化 [M]. 北京：經濟科學出版社，2001.

[10] 孟捷. 技術創新與超額利潤的來源 [J]. 中國社會科學，2005（5）.

[11] 馬克思恩格斯全集：第 23 卷 [M]. 北京：人民出版社，2008.

[12] 馬克思恩格斯全集：第 25 卷 [M]. 北京：人民出版社，2008.

[13] 薩伊. 政治經濟學概論 [M]. 陳福生，陳振驊，譯. 北京：商務印書館，1982.

[14] 詹姆斯·穆勒. 政治經濟學要義 [M]. 吳良健，譯. 北京：商務印書館，2012.

[15] 馬克思. 政治經濟學批判 [M]. 北京：人民出版社，1976.

[16] 馬克思恩格斯文集：第 1 卷 [M]. 北京：人民出版社，2009.

[17] 馬克思. 1844 年經濟學哲學手稿 [M]. 北京：人民出版社，2000.

[18] 盧卡奇. 歷史與階級意識 [M]. 杜章智，等，譯. 北京：商務印書館，2004.

[19] 恩格斯. 社會主義從空想到科學的發展 [M]. 北京：人民出版社，1997.

[20] H. 拉賓. 青年馬克思和成熟馬克思 [J]. 趙國琦，譯. 國外社會科學，1983（3）.

[21] 黑格爾. 法哲學原理 [M]. 範揚，等，譯. 北京：商務印書館，1982.

[22] 朱紹文. 亞當·斯密的《道德感情論》與所謂「斯密問題」[J]. 經濟學動態，2010（7）.

[23] 亞當·斯密. 國民財富的性質和原因的研究 [M]. 郭大力，王亞南，譯. 北京：商務印書館，1979.

[24] 馬克思. 資本論：第 1 卷 [M]. 北京：人民出版社，1975.

[25] 中國《資本論》研究會、《資本論》研究資料和動態編輯組.《資本論》研究資料和動態：第六輯［M］.南京：江蘇人民出版社，1985.

[26] 黑格爾.小邏輯［M］.賀麟，譯.北京：商務印書館，2009.

[27] 列寧.哲學筆記［M］.北京：人民出版社，1974.

[28] 中共中央馬克思恩格斯列寧斯大林編譯局馬恩室.《1844年經濟學哲學手稿》研究（文集）［M］.長沙：湖南人民出版社，1983.

[29] 邱海平.馬克思對古典經濟學勞動價值論的認識究竟是如何轉變的［J］.經濟縱橫，2008（5）.

[30] 馬克思恩格斯全集：第30卷［M］.北京：人民出版社，1995.

[31] 馬克思.資本論：第1卷［M］.北京：人民出版社，1953.

[32] 尼·布哈林.食利者政治經濟學［M］.郭連成，譯.北京：商務印書館，2005.

[33] 大衛·李嘉圖.政治經濟學及賦稅原理［M］.周潔，譯.北京：華夏出版社，2005.

[34] 約瑟夫·熊彼特.經濟分析史：第2卷［M］.楊敬年，譯.北京：商務印書館：1996.

[35] 馬歇爾.經濟學原理［M］.廉運杰，譯.北京：華夏出版社，2005.

[36] 馬克思.資本論：第3卷［M］.北京：人民出版社，1975.

[37] 托爾斯坦·凡勃倫.科學在現代文明中的地位［M］.張林，張天龍，譯.北京：商務印書館，2008.

[38] 丹尼爾·豪斯曼.經濟學的哲學［M］.丁建峰，譯.

上海：上海人民出版社，2007.

[39] 張鳳林. 人力資本理論及其應用研究［M］. 北京：商務印書館，2011.

[40] 康帕內拉. 太陽城［M］. 陳大維，等，譯. 北京：商務印書館，1997.

[41] 摩萊里. 自然法典［M］. 黃建華，姜亞洲，譯. 北京：商務印書館，1982.

[42] 馬克思恩格斯選集：第1~4卷［M］. 北京：人民出版社，1972.

[43] 馬克思. 1844年經濟學哲學手稿［M］. 北京：人民出版社，2003.

[44] 馬克·布勞格. 經濟學方法論［M］. 黎明星，等，譯. 北京：北京大學出版社，1990.

[45] 陳岱孫. 對當前西方經濟學研究工作的幾點意見［J］. 高校理論戰線，1995（12）.

[46] 樊綱.「蘇聯範式」批判［J］. 經濟研究，1995（10）.

[47] 崔之元. 西方經濟理論的範式危機［J］. 中國書評，1995（5）.

[48] 劉國光. 經濟學教學和研究中的一些問題［J］. 經濟研究，2005（10）.

[49] 錢穎一. 理解現代經濟學［J］. 經濟社會體制比較，2002（2）.

[50] 賈根良. 理解演化經濟學［J］. 中國社會科學，2004（2）.

[51] 俞吾金. 重新理解馬克思［J］. 學術界，1996（5）.

[52] 程恩富. 重建中國經濟學：超越馬克思與西方經濟學［J］. 學術月刊，2000（2）.

[53] 程恩富. 日本馬克思主義經濟學研究的特點和近況

[J]. 毛澤東鄧小平理論研究, 2005 (1).

[54] 顧海良. 美國激進政治經濟學發展20年概述 [J]. 馬克思主義與現實, 1991 (1).

[55] 角田修一. 作為現代經濟學的馬克思主義理論的可能性 [J]. 劉洋, 譯. 東南學術, 2006 (3).

[56] 魏塤. 馬克思主義經濟學在西方經濟學界 [J]. 南開學報: 哲學社會科學版, 2001 (1).

[57] 楊耕, 張立波. 馬克思哲學與後現代主義 [J]. 哲學研究, 1998 (9).

[58] 顧海良. 20世紀馬克思主義經濟學在西方的發展 [J]. 教學與研究, 1997 (7).

[59] 段忠橋. 20世紀70年代以來英美的馬克思主義研究 [J]. 中國社會科學, 2005 (5).

[60] 李其慶. 法國調節學派評析 [J]. 經濟社會體制比較, 2004 (2).

[61] 巴貝夫. 巴貝夫文選 [M]. 梅溪, 譯. 北京: 商務印書館, 1962.

[62] 傅立葉. 傅立葉選集 [M]. 趙俊欣, 等, 譯. 北京: 商務印書館, 1964.

[63] 歐文. 歐文選集 (上卷) [M]. 柯象峰, 等, 譯. 北京: 商務印書館, 1965.

[64] 馬克思恩格斯全集: 第1卷 [M]. 北京: 人民出版社, 1958.

[65] 約翰·勃雷. 對勞動的迫害及其救治方案 [M]. 袁賢能, 譯. 北京: 商務印書館, 1958.

[66] 馬克思恩格斯全集: 第3卷 [M]. 北京: 人民出版社, 1958.

[67] 馬克思恩格斯全集: 第46卷 [M]. 北京: 人民出版

社，1958．

[68] 馬克思恩格斯全集：第 24 卷 [M]．北京：人民出版社，1958．

[69] 恩格斯．反杜林論 [M]．北京：人民出版社，1970．

[70] 馬克思恩格斯全集：第 37 卷 [M]．北京：人民出版社，1958．

[71] 馬廷·布朗芬布倫納．現代人理解《資本論》[M]//外國經濟學說研究會．現代國外經濟學論文選：第三輯．北京：商務印書館，1982．

[72] 保羅·斯威齊．資本主義發展論——馬克思主義政治經濟學原理 [M]．陳觀烈，秦亞男，譯．北京：商務印書館，2000．

[73] 劉福垣．多次現代化是一個僞命題 [N]．中國經濟時報，2007-04-24．

[74] 都留重人．凱恩斯與馬克思：總量分析的方法 [J]．仲麟，譯．世界經濟文匯，1958（4）．

[75] 保羅·A．薩繆爾森．經濟學（上）[M]．12 版．高鴻業，等，譯．北京：中國發展出版社，1992．

[76] 弗里德里希·李斯特．政治經濟學的國民體系 [M]．陳萬煦，譯．北京：商務印書館，1983．

[77] 保爾·芒圖．十八世紀產業革命——英國近代大工業初期的概況 [M]．楊人楩，等，譯．北京：商務印書館，2012．

[78] 卡萊爾·科西克．具體的辯證法——關於人與世界問題的研究 [M]．傅小平，譯．北京：社會科學文獻出版社，1989．

[79] 歐內斯特·曼德爾．資本主義發展的長波——馬克思主義的解釋 [M]．南開大學國際經濟研究所，譯．北京：商務印書館，1998．

[80] 範·杜因. 經濟長波與創新 [M]. 劉守英, 譯. 上海: 上海譯文出版社, 1993.

[81] F. A. 馮·哈耶克. 個人主義與經濟秩序 [M]. 鄧正來, 譯. 北京: 生活·讀書·新知三聯書店, 2003.

[82] 盛洪. 分工與交易——一個一般理論及其對中國非專業化問題的應用分析 [M]. 上海: 上海三聯書店、上海人民出版社, 2006.

[83] 埃米爾·涂爾干. 社會分工論 [M]. 渠東, 譯. 北京: 生活·讀書·新知三聯書店, 2000.

[84] 楊小凱, 張永生. 新興古典經濟學和超邊際分析 [M]. 北京: 中國人民大學出版社, 2000.

[85] 克利斯·弗里曼, 羅克·蘇特. 工業創新經濟學 [M]. 華宏勛, 等, 譯. 北京: 北京大學出版社, 2004.

[86] 杰里米·里夫金. 第三次工業革命: 新經濟模式如何改變世界 [M]. 張華偉, 等, 譯. 北京: 中信出版社, 2012.

[87] 列·尼·蘇沃洛夫. 唯物辯證法 [M]. 易杰雄, 宋一秀, 譯. 哈爾濱: 黑龍江人民出版社, 1984.

[88] 凡勃倫. 有閒階級論 [M]. 蔡受百, 譯. 北京: 商務印書館, 2004.

[89] E. 迪爾凱姆. 社會學方法的準則 [M]. 狄玉明, 譯. 北京: 商務印書館, 2007.

[90] 威廉·羅雪爾. 歷史方法的國民經濟學講義大綱 [M]. 朱紹文, 譯. 北京: 商務印書館, 1997.

[91] 外國經濟學說研究會. 現代國外經濟學論文選: 第十輯 [M]. 北京: 商務印書館, 1986.

[92] 金指基. 熊彼特經濟學 [M]. 林俊男, 金全民, 譯. 北京: 北京大學出版社, 1996.

[93] 普列漢諾夫. 論個人在歷史上的作用問題 [M]. 王蔭

庭,譯.北京:商務印書館,2012.

[94] 普列漢諾夫.論一元論歷史觀的發展問題[M].王蔭庭,譯.北京:商務印書館,2012.

[95] G. A. 科恩.卡爾·馬克思的歷史理論——一種辯護[M].段忠橋,譯.北京:高等教育出版社,2008.

[96] 林毅夫.新結構經濟學——重構發展經濟學的框架[J].經濟學(季刊),2010,10(1).

[97] 約瑟夫·熊彼特.作為整體的經濟[M]//賴納特.窮國的國富論(上卷).賈根良,譯.北京:高等教育出版社,2007.

[98] 胡志軍,等.中國總體收入基尼系數的估計:1985—2008[J].經濟學(季刊),2011(4).

[99] 王曉霞,白重恩.勞動收入份額格局及其影響因素研究進展[J].經濟學動態,2014(3).

[100] 李稻葵,等.GDP中勞動份額演變的U型規律[J].經濟研究,2009(1).

[101] 岳希明,等.中國稅制的收入分配效應測度[J].中國社會科學,2014(6).

國家圖書館出版品預行編目(CIP)資料

馬克思分配理論新探 / 楊錦英, 肖磊 著. -- 第一版.
-- 臺北市：財經錢線文化出版：崧博發行, 2018.10
　面；　公分
ISBN 978-986-97059-5-0(平裝)
1.馬克斯經濟學 2.分配理論 3.中國
550.1861　　　107017678

書　名：馬克思分配理論新探
作　者：楊錦英、肖磊 著
發行人：黃振庭
出版者：財經錢線文化事業有限公司
發行者：崧博出版事業有限公司
E-mail：sonbookservice@gmail.com
粉絲頁　　　　　　　網　址：
地　址：台北市中正區延平南路六十一號五樓一室
8F.-815, No.61, Sec. 1, Chongqing S. Rd., Zhongzheng Dist., Taipei City 100, Taiwan (R.O.C.)
電　話：(02)2370-3310　傳　真：(02) 2370-3210
總經銷：紅螞蟻圖書有限公司
地　址：台北市內湖區舊宗路二段 121 巷 19 號
電　話：02-2795-3656　傳真:02-2795-4100　網址：
印　刷：京峯彩色印刷有限公司（京峰數位）

　　本書版權為西南財經大學出版社所有授權崧博出版事業有限公司獨家發行電子書及繁體書繁體版。若有其他相關權利及授權需求請與本公司聯繫。

定價：450元
發行日期：2018 年 10 月第一版
◎ 本書以POD印製發行